JN437698

말하기·쓰기·읽기를 위한 프랑스어 아뜰리에

# 프랑스어 문법

## LA GRAMMAIRE FRANÇAISE

김미연

궁미디어
GUNGMEDIA

말하기·쓰기·읽기를 위한 프랑스어 아뜰리에

# 프랑스어 문법

LA GRAMMAIRE FRANÇAISE

저자 약력
김 미 연
현 충남대학교 불어불문학과 교수
Paris-IV 대학 문학박사

발행일 2012년 12월 20일(2판), 2011년 8월 15일(1판) 발행인 정상철 지은이 김미연
펴낸곳 궁미디어(충남대학교출판문화원) 주소 대전광역시 유성구 대학로 99
전화 042-821-6045 홈페이지 cnupress.cnu.ac.kr E-mail cnupress@cnu.ac.kr

ISBN 978-89-7599-378-7 93760
정가 14,800원

말하기·쓰기·읽기를 위한 프랑스어 아뜰리에

# 프랑스어 문법

LA GRAMMAIRE FRANÇAISE

LA GRAMMAIRE FRANÇAISE

# Sommaire

## 01 발 음 la prononciation



## 02 비동사 le non-verbe

## 03 동 사 le verbe



## 04 문장 구성 la syntaxe

LA GRAMMAIRE FRANÇAISE

# Sommaire

## 문장 차례

# 발 음

I 철자
II 철자기호
III 구두기호
IV 발음
V 연독
VI 모음생략

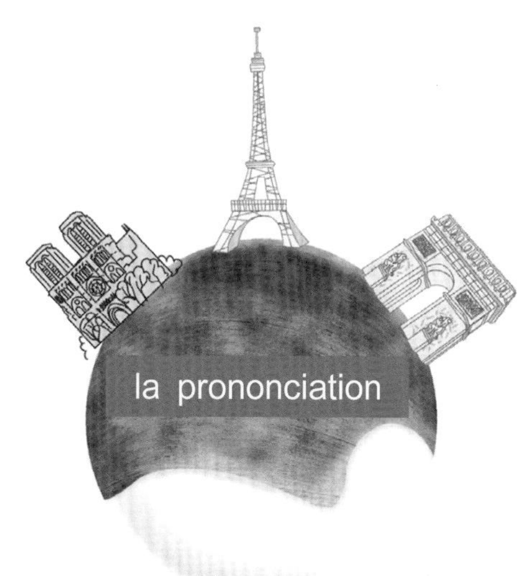

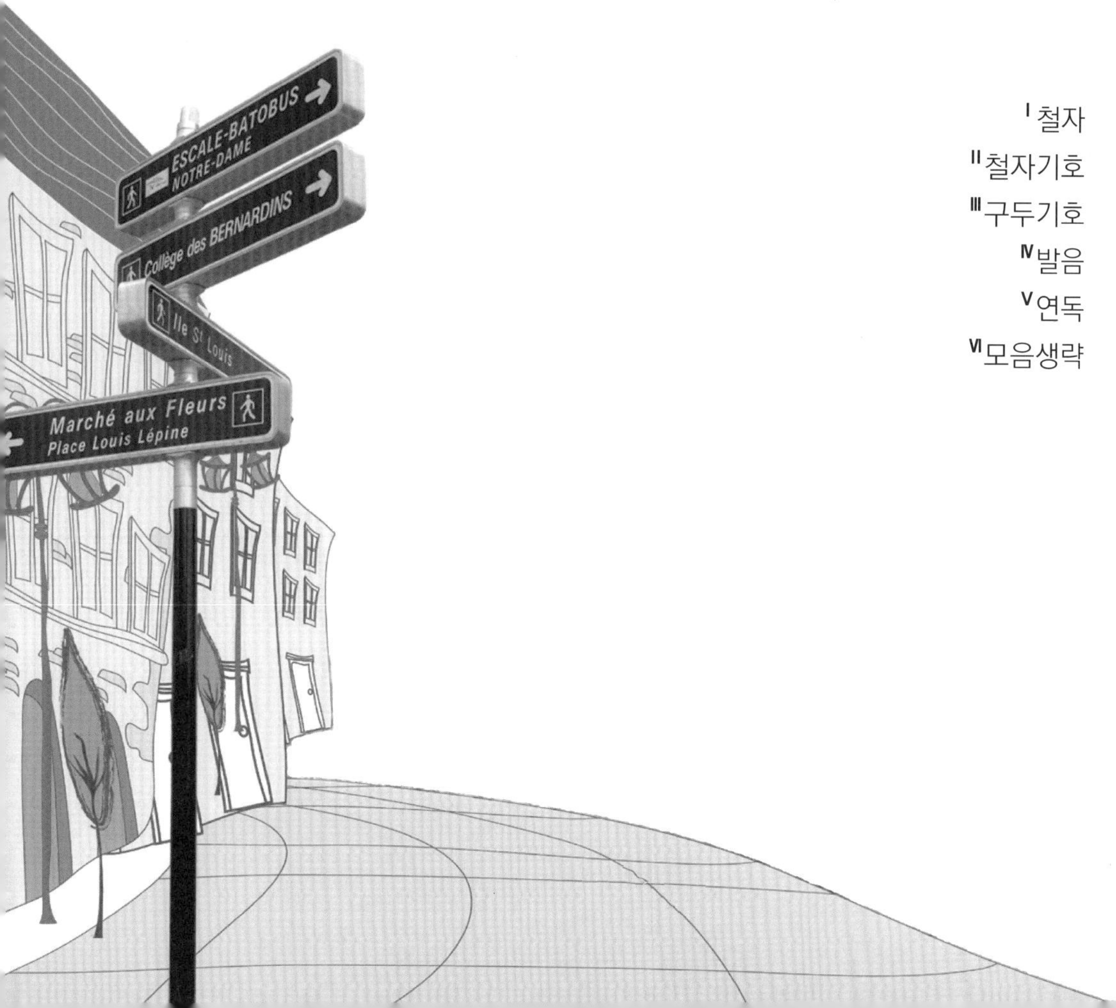

## I 철자 L'alphabet

| | | | |
|---|---|---|---|
| A | a | a | [a] |
| B | b | bé | [be] |
| C | c | cé | [se] |
| D | d | dé | [de] |
| E | e | e | [ə] |
| F | f | èf | [ɛf] |
| G | g | gé | [ʒe] |
| H | h | hach | [aʃ] |
| I | i | i | [i] |
| J | j | ji | [ʒi] |
| K | k | ka | [kɑ] |
| L | l | èl | [ɛl] |
| M | m | èm | [ɛm] |
| N | n | èn | [ɛn] |
| O | o | o | [o] |
| P | p | pé | [pe] |
| Q | q | ku | [ky] |
| R | r | èr | [ɛ:ʀ] |
| S | s | ès | [ɛs] |
| T | t | té | [te] |
| U | u | u | [y] |
| V | v | vé | [ve] |
| W | w | double vé | [dubləve] |
| X | x | iks | [iks] |
| Y | y | I grec | [igʀɛk] |
| Z | z | zèd | [zɛd] |

## II 철자기호 Les signes orthographiques

| | | | |
|---|---|---|---|
| ´ | accent aigu | : | été, café, étude |
| ` | accent grave | : | là-bas, père, où |
| ^ | accent circonflexe | : | âme, fête, tôt |
| ¨ | tréma | : | Noël, haïr |
| ç | cédille | : | ça, commençons, reçu |
| ' | apostrophe | : | l'homme, c'est |
| - | trait d'union | : | vis-à-vis, est-ce que |

## III 구두기호 Les signes de ponctuation

| | |
|---|---|
| . | le point |
| , | la virgule |
| ; | le point-virgule |
| : | les deux points |
| ? | le point d'interrogation |
| ! | le point d'exclamation |
| ... | les points de suspension |
| — | le tiret |
| ( ) | les parenthèses |
| « » | les guillemets |

## Ⅳ 발 음 La prononciation

### 1. 자음

■ 주요 자음

| | | | | |
|---|---|---|---|---|
| b | | [b] | barbe [baRb] | |
| | c, s, t 앞에서 | [p] | absence [apsɑ̃:s] | obtenir [ɔptəni:R] |
| c | a, o, u 앞에서 | [k] | calcul [kɑlkyl] | colère [kolɛ:R] |
| | e, i, y 앞에서 | [s] | place [plas] | cinéma [sinema] |
| | ça, ço, çu | [k] → [s] | leçon [ləsɔ̃] | façade [fasad] |
| g | a, o, u 앞에서 | [g] | garçon [gaRsɔ̃] | golfe [gɔlf] |
| | e, i, y 앞에서 | [ʒ] | garage [gaRa:ʒ] | gilet [ʒilɛ] |
| h | 음성학상 유·무성 h를 | [무성 h] | héroïne [eRɔin] | heureux [œRø] |
| | 구별하나 발음은 없음 | [유성 h] | héros [eRo] | haine [ɛn] |
| s | | [s] | ensemble [ɑ̃sɑ̃:bl] | |
| | 모음 + s + 모음 | [z] | église [egli:z] | désert [dezɛ:R] |
| w | 외래어에서 주로 쓰임 | [w] | tramway [tRamwɛ] | |
| | | [v] | wagon [vagɔ̃] | |
| x | | [ks] [s] | texte [tɛkst] | soixante [swasɑ̃:t] |
| | ex + 모음 | [gz] | exercice [ɛgzɛRsis] | |
| | ex + 자음 | [ks] | excuse [ɛksky:z] | |
| | | [z] | deuxième [døzjɛm] | |

■ 중자음

| | | | | |
|---|---|---|---|---|
| cc | a, o, u 앞에서 | [k] | occasion [okazjɔ̃] | |
| | e, i 앞에서 | [ks] | accident [aksidɑ̃] | |
| gg | | [g] | aggraver [agRave] | |
| | | [gʒ] | suggérer [sygʒeRe] | |
| ll | | [l] | naturellement [natyRɛlmɑ̃] | |
| tt | | [t] | attente [atɑ̃:t] | lettre [lɛtR] |
| ss | | [s] | poisson [pwasɔ̃] | passion [pasjɔ̃] |

■ 자음 + 자음

| ch | [ʃ] [k] | chapeau [ʃapo] | écho [eko] |
|---|---|---|---|
| gn | [ɲ] | montagne [mɔ̃taɲ] | digne [diɲ] |
| ph | [f] | téléphone [telefɔn] | philo [filo] |
| rh | [R] | rhume [Rym] | |
| th | [t] | théâtre [tea:tR] | thé [te] |
| sc | a, o, u 앞에서 [sk]<br>e, i 앞에서 [s] | sculpture [skylty:R]<br>science [sjɑ̃:s] | sceau [so] |

■ 자음 + 모음

| gu | [g] | guerre [gɛ:R] | guide [gid] |
|---|---|---|---|
| qu | [k] | quatre [katR] | quoi [kwa] |
| ti | [si] [sj]<br>[ti] [tj] | démocratie [demokRasi]<br>sortie [sɔRti] | action [aksjɔ̃]<br>question [kɛstjɔ̃] |

## 2. 모음

■ 기본 모음

| a | a [a] à [a] â [ɑ] | papa [papa] | là [la] | âme [ɑ:m] |
|---|---|---|---|---|
| e | e [e] [ɛ] [ə]<br>[ə모음탈락]<br>é [e] è [ɛ] ê [ɛ] | nez [ne]<br>rue [Ry]<br>bébé [bebe] | merci [mɛRsi]<br>énergie [enɛRʒi]<br>mère [mɛ:R] | demi [dəmi]<br><br>fête [fɛt] |
| i | I [i] î [i] | midi [midi] | île [il] | |
| o | o [ɔ] [o] ô [o] | mode [mɔd] | vélo [velo] | tôt [to] |
| u | u [y] û [y] | sur [syR] | sûr [sy:R] | eu [y] |
| y | y [i] | dynastie [dinasti] | style [stil] | |

■ 모음 + 모음

| | | | |
|---|---|---|---|
| **ai, ei** | [ɛ] | semaine [səmɛn] | reine [ʀɛn] |
| **au, eau** | [o] | pauvre [po:vʀ] | beauté [bote] |
| **eu, œu** | [œ]<br>[ø] | neuf [nœf]<br>bleu [blø] | sœur [sœ:ʀ]<br>vœu [vø] |
| **ou** | [u] | amour [amu:ʀ] | nouveau [nuvo] |
| **oi** | [wa] | noir [nwa:ʀ] | soir [swa:ʀ] |

**주의**

· i, e의 위에 tréma(¨)가 붙는 경우 i, e를 분리하여 발음한다.

naïf [naif]  Noël [noel]

■ i, u, ou + 모음 = 반모음 (혹은 반자음)

| | | | |
|---|---|---|---|
| **i** + 모음 | [j] | piano [pjano] | chien [ʃjɛ̃] |
| **u** + 모음 | [ɥ] | pluie [plɥi] | puits [pɥi] |
| **ou** + 모음 | [w] | oui [wi] | louer [lwe] |

■ a, e, o, u + y (= i + i) + 모음

| | | | |
|---|---|---|---|
| **ay** | [ɛj] | crayon [kʀɛjɔ̃] | essayer [esɛje] |
| **ey** | [ɛj] | Asseyez-vous [asɛjevu] | |
| **oy** | [waj] | voyage [vwaja:ʒ] | voyons [vwajɔ̃] |
| **uy** | [ɥij] | essuyer [esɥije] | tuyau [tɥijo] |

■ 모음 + il, ill

| | | | | |
|---|---|---|---|---|
| **ail, aill** | [aj] | ail [aj] | travail [tʀavaj] | paille [pa:j] |
| **eil, eill** | [ɛj] | soleil [solɛj] | bouteille [butɛj] | |
| **euil, euill**<br>**ueil, ueill** | [œj] | deuil [dœj]<br>orgueil [ɔʀgœj] | feuille [fœj]<br>cueillir [kœji:ʀ] | |
| **ouil, ouill** | [uj] | fenouil [fənuj] | brouillard [bʀuja:ʀ] | |
| 자음 + **il, ill** | [il] [ij] [i] | ville [vil] | fille [fij] | gentil [ʒɑ̃ti] |

■ 비모음

| | | | | |
|---|---|---|---|---|
| am, an,<br>em, en | [ɑ̃] | jambe [ʒɑ̃:b]<br>ensemble [ɑ̃sɑ̃:bl] | manteau [mɑ̃to]<br>enfant [ɑ̃fɑ̃] | |
| im, in, ym, yn<br>aim, ain,<br>eim, ein, en | [ɛ̃] | simple [sɛ̃:pl]<br>syndicat [sɛ̃dika]<br>Reims [Rɛ̃:s] | vin [vɛ̃]<br>faim [fɛ̃]<br>plein [plɛ̃] | symbole [sɛ̃bɔl]<br>train [tRɛ̃]<br>examen [egzamɛ̃] |
| om, on | [ɔ̃] | nombre [nɔ̃:bR] | chanson [ʃɑ̃sɔ̃] | |
| um, un | [œ̃] | parfum [paRfœ̃] | lundi [lœ̃di] | |

 주의

· m, n이 중복되면 비모음이 안 된다.
immeuble [i(m)mœbl]    innocent [inosɑ̃]

## V 연 독 La liaison

발음이 되지 않는 자음자로 끝나는 단어 뒤에 모음이나 무성 "h"로 시작하는 단어가 오면 이 자음자는 그 다음의 모음이나 무성 "h"와 이어서 발음된다. 이처럼 발음되는 것을 "연독"이라 한다.

### 1. 반드시 연독해야 하는 경우

■ 관사 + 명사

un‿arbre [œ̃**na**RbR]
les‿hommes [le**zɔ**m]

■ 형용사 + 명사

un petit‿arbre [œ̃ pəti**ta**RbR]
mes‿habits [me**za**bi]

■ 전치사 + (대)명사

sans‿arrêt [sɑ̃**za**Rɛ]
chez‿elle [ʃe**zɛ**l]

■ 대명사+동사

Nous‿allons [nuzalɔ̃]

Je les‿aime. [ʒəlezɛm]

Où vont-ils ? [u vɔ̃til]

Vous‿en‿avez. [vuzɑ̃nave]

■ 부사+형용사

très‿aimable [tʀɛzɛmabl]

trop‿heureux [tʀopœʀø]

■ 동사+속사

C'est‿un‿acteur. [sɛtœ̃naktœʀ]

C'est‿une chaise. [sɛtyn ʃɛz]

■ 관용구

tout‿à fait [tutafɛ]

de temps‿en temps [də tɑ̃zɑ̃tɑ̃]

## 2. 절대로 연독되지 않는 경우

■ 명사 주어와 동사 사이

Paris / est beau. [paʀi ɛ bo]

Ces enfants / habitent là. [sezɑ̃fɑ̃ abit la]

■ 단수명사와 형용사 사이

un enfant / intelligent [œ̃nɑ̃fɑ̃ ɛ̃teliʒɑ̃]

■ 접속사 **et**와 다음 단어 사이

un livre et / une revue [œ̃ livʀ e yn ʀəvy]

■ 의미상 연관이 없는 단어 사이

Allez-vous / en voiture ? [allevu ɑ̃ vwatyʀ]

■ **cent**과 모음이나 **h**로 시작하는 수형용사 사이

cent / un [sɑ̃ œ̃]

■ 유성 h

un / héros [œ̃ eʀo]

les / hauts arbres [le ozaʀbʀ]

■ 수 형용사 **huit**와 **onze** 앞

depuis / huit jours [dəpɥi ɥi ʒu:ʀ]

■ **oui** 앞

mais / oui [mɛ wi]

■ **_es**가 어미인 직설법 현재, 접속법 현재 변화 다음

Tu montres / une photo. [ty mõtʀ yn fɔtɔ]

### 3. 연독할 때 소리가 바뀌는 자음들

| | | | |
|---|---|---|---|
| d [d] | → | [t] | Quan**d**‿**e**lle |
| f [f] | → | [v] | neu**f**‿**h**eures |
| x, s [s] | → | [z] | di**x**‿**a**rbres, le**s**‿**a**mis |

## VI 모음생략 L'élision

모음 또는 무성 "h"로 시작하는 단어 앞에서 단어의 끝철자 **"a, e, i"가 생략되고 apostrophe(')로** 대치되는 것을 "모음생략"이라 한다.

### 1. 정관사 : le, la

| | | |
|---|---|---|
| **le** **e**nfant | → | **l'e**nfant [**l**ɑ̃fɑ̃] |
| **la** **h**éroïne | → | **l'h**éroïne [**le**ʀɔin] |

주의

- 정관사 le와 수형용사 onze 사이에 모음생략이 안 일어난다.
  Aujourd'hui, c'est **le onze** mai.

## 2. 대명사 : je, me, te, se, le, la, ce, que

**Je** **a**ime → **j'a**ime [ʒɛm]

Tu **le**(**la**) **a**chètes → Tu **l'a**chètes [ty **la**ʃɛt]

ce **e**st → **c'e**st [sɛ]

## 3. 전치사 · 부사 · 접속사 : de, ne, que, si

tout **de** **un** coup → tout **d'un** coup [tu **dœ̃** ku]

Elle **ne** **a** rien dit → Elle **n'a** rien dit [ɛl **na** ʀjɛ̃ di]

**Que** **il** entre → **Qu'il** entre [**kil**ɑ̃tʀ]

**si** **il** part → **s'il** part [**sil** paʀ] (si는 il(s) 앞에서만 모음생략)

MEMO

le non-verbe

# 비동사



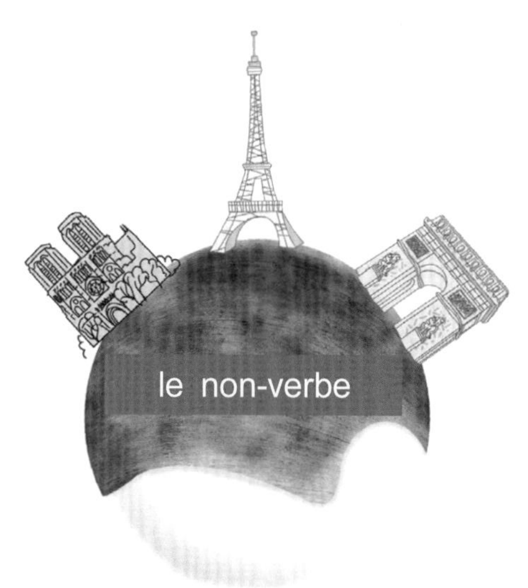

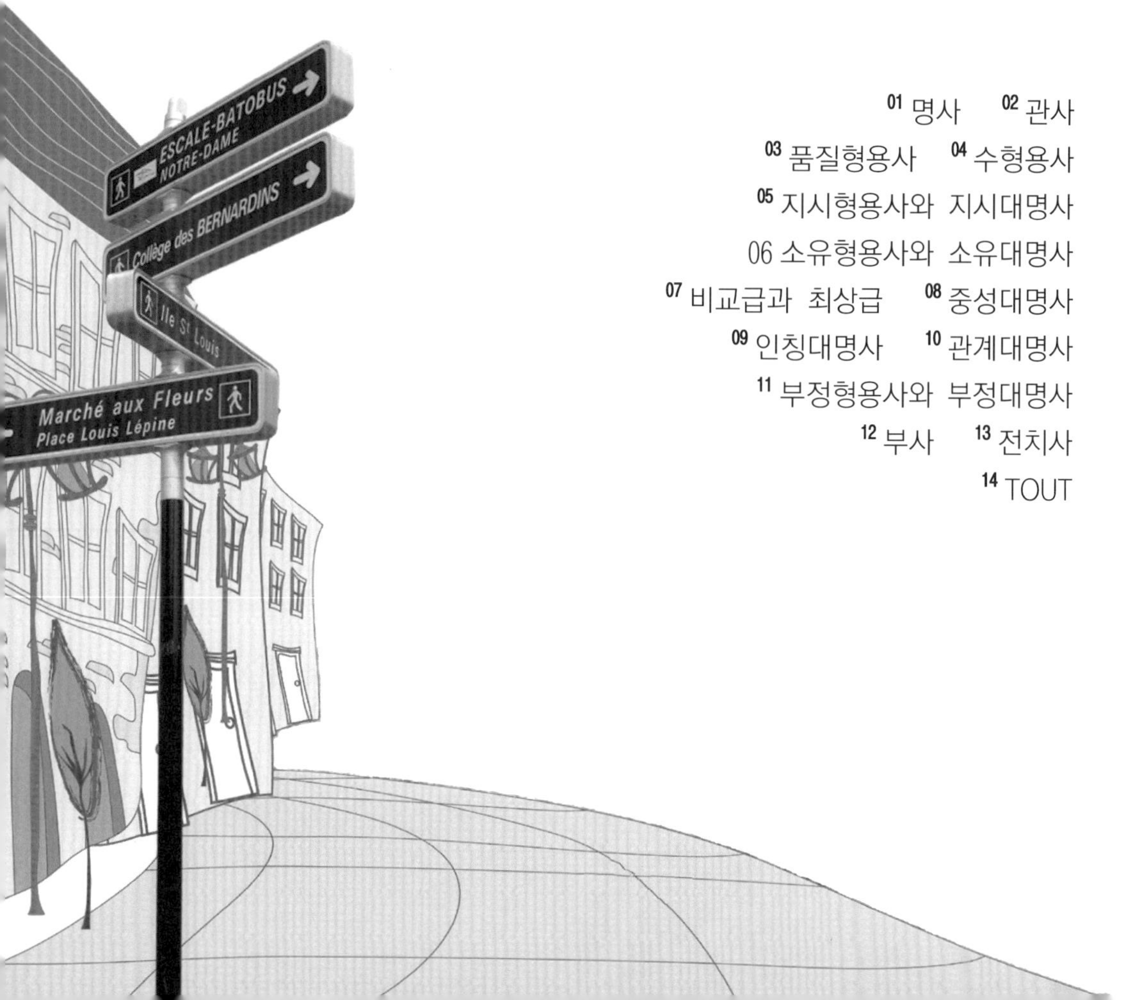
ESCALE-BATOBUS
NOTRE-DAME
Collège des BERNARDINS
Ile St Louis
Marché aux Fleurs
Place Louis Lépine

// 프랑스어문법 //

# leçon 01

# 명 사

## le nom

# 명 사 le nom

## 1.1 명사의 성

### 1.1.1 명사의 성

| 남성 명사 | 여성 명사 |
|---|---|
| homme<br>chat<br>bureau | femme<br>chatte<br>avenue |

- 사람과 동물은 자연의 성을 따른다.
- 사물이나 관념을 나타내는 명사도 성을 갖는다.
- 모든 명사는 고유명사를 제외하고 여성, 남성, 단수, 복수형이 있다.

**주 의**

- _age, _phone으로 끝나는 명사는 보통 남성(un nu**age**, un from**age**, un bag**age**, un magnéto**phone**, un télé**phone**)이나, une **page**, une im**age**, une **plage**처럼 여성 명사도 있다.
- _sion, _tion, _té, _eur, _oire, _ance, _ence, _ée로 끝나는 명사는 보통 여성(la télévi**sion**, une solu**tion**, une no**tion**, la propre**té**, la san**té**, la coul**eur**, la p**eur**, l'hist**oire**, l'arm**oire**, la prévoy**ance**, la prud**ence**, la dict**ée**, une cuiller**ée**, la soir**ée**)이나 le sil**ence**, le lyc**ée**, le mus**ée**처럼 남성 명사도 있다.

## 1.1.2 명사의 여성형

### ■ 남성 명사+e

étudiant → étudiant**e**
marchand → marchand**e**

### ■ _e → _esse

prince → princ**esse**
maître → maîtr**esse**

### ■ _en, _an, _on, _at, _et, _ot+중자음+e

chi**en** → chi**enne**
pays**an** → pays**anne**
li**on** → li**onne**

예외

- voisin, cousin, idiot, avocat 등은 "e"만 붙여 여성형을 만든다.

### ■ _er → _ère

épici**er** → épici**ère**
boulang**er** → boulang**ère**

### ■ _x → _se

épou**x** → épou**se**
ambitieu**x** → ambitieu**se**

### ■ _f → _ve, _p → _ve

Jui**f** → Jui**ve**
lou**p** → lou**ve**

### ■ _teur → _trice

direc**teur** → direc**trice**
institu**teur** → institu**trice**

### ■ _eur → _euse, _eresse, _eure

vol**eur** → vol**euse**
défend**eur** → défend**eresse**
supéri**eur** → supéri**eure**

■ 특수 형태

| | | | | | |
|---|---|---|---|---|---|
| Grec | → | Gre**cque** | dieu | → | **déesse** |
| mari | → | **femme** | neveu | → | **nièce** |
| bouc | → | **chèvre** | héros | → | **héroïne** |
| compagnon | → | **compagne** | empereur | → | **impératrice** |

■ 남·여성형이 같은 명사

enfant과 secrétair**e**, dentist**e**, élèv**e**와 같이 "**e**"로 끝난 명사는 남·여성형이 같다.

■ 남성형만 있는 명사

professeur, médecin, auteur 등 전문직

### 1.1.3 명사의 성에 따른 특성

■ **"délice"**는 단수에서는 남성, 복수에서는 여성이다.

un pur délice
toutes mes délice**s**

■ 악기 **"orgue"**는 단수에서 남성, 복수에서는 여성이다.

un orgue excellent
jouer aux grandes orgue**s**

■ **"après-midi"**, **"palabre"**, **"Pâques"** 등의 단어들은 남·여성을 다 취한다.

Un bel après-midi 또는 une belle après-midi

■ **"gens"**은 일반적으로 남성이나, **"vieux, bon, petit"**라는 형용사가 부가적으로 쓰일 때 여성이 된다. 그러나 **"gens"**이 형용사를 속사로 취할 때는 남성이 된다.

Il y a des gens bien malheureux.
les vieilles gens, les bonnes gens, les petites gens
Les vieilles gens sont polis.

### 1.1.4 고유명사의 성

■ 국가명 **Mexique, Cambodge, Mozambique**를 제외하고, **"e"**로 끝난 국가명은 모두 여성이며 그 외는 남성이다.

| | | | |
|---|---|---|---|
| la Chine, | la Corée, | la France, | la Grèce ... |
| le Canada, | le Japon, | le Maroc, | le Venezuela ... |
| **le Mexique,** | **le Cambodge,** | **le Mozambique** | |
| les États-Unis, | les Philippines, | les Pays-bas ... | |

■ 산 이름은 단수로는 남성, 복수로는 여성이며 후자의 경우 "~산맥"을 뜻한다.

le Mont-Blanc, les Alpes, les Pyrénées

■ 강 이름은 **"e"**로 끝난 것은 여성이며 그 외는 남성이다.

le Nil(나일 강), le Rhin(라인 강), la Loire(루아르 강), la Seine(센 강)

예외

· **le Danube**(다뉴브 강), **le Rhône**(론 강)은 남성이다.

■ 도시 이름은 **"e"**로 끝난 것은 여성이며 그 외는 남성이다.

Séoul est beau. Rome est belle.

예외

· 보통 도시명에는 관사를 사용하지 않으나 몇몇 도시명은 예외이다.
Le Havre, Le Mans, La Rochelle, la Haye, Le Caire ...

## 1.2 명사의 복수형

■ 단수+s

livre → livres
chaise → chaises

■ _s, _x, _z → 불변

bras → bras
choix → choix
nez → nez

### ■ _al → _aux

chev**al** → chev**aux**

anim**al** → anim**aux**

예외

- **bal, choral, carnaval, festival** 등은 "**s**"를 붙인다.

### ■ _ail → _aux

cor**ail** → cor**aux**

trav**ail** → trav**aux**

예외

- **chandail, rail** 등은 "**s**"를 붙인다.

### ■ _au, _eu, _eau → _aux, _eux, _eaux

tuy**au** → tuy**aux**

f**eu** → f**eux**

bat**eau** → bat**eaux**

예외

- **pneu, landau** 등은 "**s**"를 붙인다.

### ■ _ou → _ous

cl**ou** → cl**ous**

tr**ou** → tr**ous**

예외

- 다음 7개 명사의 복수형은 **_oux**이다.
  bijou, caillou, chou, genou, hibou, joujou, pou

### ■ 특수한 복수형

ciel → cieux

œil → yeux

■ 항상 복수로 쓰이는 명사

| | | | |
|---|---|---|---|
| ancêtres | 조상들 | environs | 부근 |
| dépens | 비용 | légumes | 채소 |
| gens | 사람들 | obsèques | 장례식 |
| ténèbres | 어둠 | fiançailles | 약혼식 |
| mœurs | 풍습 | matériaux | 건축자재 |
| mathématiques | 수학 | thermes | 온천장 |

## 1.3 합성 명사의 복수형

■ 하나의 단어가 된 합성 명사+**s**

passeport → passeport**s**

portefeuille → portefeuille**s**

주 의

**ma**dame → **mes**dame**s**
**mon**sieur → **mes**sieur**s**
**ma**demoiselle → **mes**demoiselle**s**
**bon**homme → **bons**homme**s**
**gentil**homme → **gentils**homme**s**

■ 명사+명사 → 복수형 명사+복수형 명사

chef-lieu → chef**s**-lieu**x**

chou-fleur → chou**x**-fleur**s**

■ 명사+전치사+명사 → 복수형 명사+전치사+명사(불변)

arc-en-ciel → arc**s**-en-ciel

chef d'œuvre → chef**s** d'œuvre

pomme de terre → pomme**s** de terre

■ 명사 + 형용사 / 형용사 + 명사
→ 복수형 명사 + 복수형 형용사 / 복수형 형용사 + 복수형 명사

coffre-fort → coffre**s**-fort**s**

basse-cour → basse**s**-cour**s**

예외
· grand-père → grand-père**s**
· grand-mère → grand-mère**s**

■ 형용사 + 형용사 → 복수형 형용사 + 복수형 형용사

aveugle-né → aveugle**s**-né**s**

sourd-muet → sourd**s**-muet**s**

■ 동사(전치사, 부사) + 명사 → 동사(전치사, 부사) + 복수형 명사

sous-sol → sous-sol**s**

tire-bouchon → tire-bouchon**s**

avant-plan → avant-plan**s**

■ 동사 + 동사, 대명사 + 동사 → 불변

**un(des)** laisser-aller

**un(des)** va-et-vient

**un(des)** tête-à-tête

## 1.4 수에 따라 의미가 달라지는 명사

| 단 수 | | 복 수 | |
|---|---|---|---|
| appât | 미끼, 유혹 | appâts | 매력 |
| assise | (수평으로 쌓인)벽돌의 층 | assises | 중죄재판 |
| ciseau | 끌, 정 | ciseaux | 가위 |
| arme | 무기 | armes | 문장(紋章) |
| défense | 방어, 금지 | défenses | 방위시설 |
| gage | 담보, 보증 | gages | 급료 |
| lunette | 망원경 | lunettes | 안경 |
| vacance | 공석(空席) | vacances | 휴가 |

// 프랑스어문법 //

# leçon 02

# 관 사

## l'article

# 관 사 l'article

## 2.1 부정관사

| 수 \ 성 | 남 성 | 여 성 |
|---|---|---|
| 단 수 | **un** frère<br>**un** magasin | **une** sœur<br>**une** voiture |
| 복 수 | **des** frère**s**<br>**des** magasin**s** | **des** sœur**s**<br>**des** voiture**s** |

- 셀 수 있는 명사 앞에 온다.

Anne passe **un** examen.

- '여럿의 하나' 또는 '여럿의' 뜻을 갖는다.

Vanessa a cassé **une** assiette et **des** verre**s**.

- 한정되지 않은 사람이나 사물 앞에 온다.

Hier, j'ai rencontré **un** metteur en scène.

## 2.2 정관사

| 수 \ 성 | 남 성 | 여 성 |
|---|---|---|
| 단 수 | **le** lit<br>**l'**étudiant | **la** table<br>**l'**habitation |
| 복 수 | **les** lit**s**<br>**les** étudiant**s** | **les** table**s**<br>**les** habitation**s** |

**주의**

· 모음(a, e, i, o, u, y)이나 무성 h로 시작하는 단수 명사 앞에서 **le**와 **la**는 **l'**가 된다.
**le** étudiant → **l'**étulediant, **la** habitation → **l'**habitation

■ 한정된 명사 앞

C'est **la** fenêtre de ma chambre.

■ 유일한 사람이나 사물 앞

**le** général Redon, **la** Corée, **la** lune

■ 총체적 의미

**L'**argent ne fait pas **le** bonheur.

**Le** Coréen est fier de sa culture.

■ 소유적 의미

J'ai mal à **la** tête. (la = ma)

■ 지시적 의미

Venez **le** mardi 13 mars. (le = ce)

■ '매', '마다'를 의미

**Le** soir, je marche. (le = chaque)

■ 가문과 예술작품을 의미

**Les** Kim (김씨 집안)

**Les** Renoir**s** (르누아르 작품)

■ 단위를 의미

le tissu à 5 € **le** mètre

■ **le + (요일) + 날짜**

On est **le** jeudi deux juin.

Nous sommes **le** vingt avril.

## 2.3 부분관사

| 성 / 수 | 남 성 | 여 성 |
|---|---|---|
| 단 수 | **du** potage<br>**de l'**argent | **de la** bière<br>**de l'**espérance |

주의

・모음이나 무성 h로 시작하는 단수형 명사 앞에서 **du**와 **de la**는 **de l'**가 된다.

■ 셀 수 없는 명사(물질명사나 추상명사)와 함께 '약간'의 뜻을 갖는다.

Il a **du** courage.

Il écoute **du** jazz et **de la** soul.

■ 전체의 일부분을 나타낸다.

Il aime **le** potage : il mange **du** potage.

Il aime **la** salade : il mange **de la** salade.

■ 구어체에서 작품의 일부분을 지적할 때 작가명과 함께 쓰인다.

Elle a joué **du** Chopin et **du** Mozart.

■ 음식재료로서 육류나 어류의 명사와 함께 쓰인다.

Avant, nous mangions **du** bœuf mais nous mangeons aujourd'hui **de l'**agneau, **du** poulet et surtout **du** poisson.

■ « il y a » 와 함께 날씨를 나타낼 때 쓰인다.

Aujourd'hui, il y a **du** soleil.

Cette année, il y a **de la** pluie presque tous les jours.

■ faire 동사와 함께 행동을 나타낼 때 쓰인다.

faire **du** sport, **de l'**équitation, **du** stretching

faire **du** piano, faire **de la** guitare

Elle fait **de l'**aquarelle.

Pierre fait **de la** guitare et Paul, **du** piano.

주의

・faire **le** ménage, faire **la** vaisselle, faire **les** courses는 정관사와 함께 쓰이기도 한다.

## 2.4 축약관사

### 2.4.1 전치사 à / de+정관사

| 수 ＼ 성 | 남 성 | 여 성 |
|---|---|---|
| 단 수 | à + le = **au (à l')**<br>de + le = **du (de l')** | **à la (à l')**<br>**de la (de l')** |
| 복 수 | à + les = **aux**<br>de + les = **des** | à + les = **aux**<br>de + les = **des** |

- Je suis **au (à + le)** restaurant.
- Tu es **à la** gare ?
- Elle est **à l'**hôpital.
- Ils sont **aux (à + les)** Beaux-Arts.
- Nous avons besoin **du (de + le)** dictionnaire.
- Vous habitez près **de la** plage.
- Elles tournent autour **de l'**église.
- Ce sont les feuilles **des (de + les)** arbres.
- Il y a du soleil **du** matin jusqu'**au** soir à 8 heures.

## 2.5 관사와 부정문

### 2.5.1 직접목적보어의 정관사는 부정문에서 변하지 않는다.

J'aime **le** potage. → Je n'aime pas **le** potage.

### 2.5.2 직접목적보어의 부정관사나 부분관사는 부정문에서 부정의 de(d')로 변한다.

Paul a **une** opinion. → Paul n'a pas **d'**opinion.
Il mange **de la** tarte. → Il ne mange pas **de** tarte.
Il y a encore **des** crayons. → Il n'y a plus **de** crayons.
Elle prend **du** café mais je ne prends pas **de** café ni **de** thé.

주의

- 속사의 부정관사나 부분관사는 부정문에서 변하지 않는다.

| | | |
|---|---|---|
| C'est **une** cravate. | → | Ce **n'est pas une** cravate. |
| C'est **du** bon travail. | → | Ce **n'est pas du** bon travail. |
| Ce sont **des** idées intéressantes. | → | Ce **ne** sont **pas des** idées intéressantes. |

## 2.6 관사의 생략

### 2.6.1 신분 · 직업의 명사가 속사일 때

Je suis **étudiante.**

Il est **photographe de mode.**

### 2.6.2 동격, 호격, 나열에서

**Les Beatles**, groupe de chanteurs anglais.

Bonjour, **docteur** !

**Parents, enfants,** tous rient devant le spectacle drôle.

### 2.6.3 수량부사(beaucoup, trop, assez, combien) + de(d') + 무관사 명사(보통명사의 복수형 / 물질명사와 추상명사의 단수형), 명사 + de(d') + 무관사 명사(un cours de ~, un bouquet de ~, une table de ~, une forêt de ~)

trop de **lait**, beaucoup de **livres**

Je peins un bouquet de **fleurs**.

Tu achètes un billet de **train** ?

Il écoute un peu de **jazz** et prend un cours de **dessin**.

예외

- 전치사 de + 무관사 명사

des chansons **d'**amour, un dictionnaire **de** langue française, le service **de** pédiatrie, un appareil **de** photo, une feuille **de** papier, un gâteau **d'**anniversaire, un paquet **de** biscuits, une bouteille **de** champagne, un verre **de** vin, un kilo **de** pommes ...

### 2.6.4 동사구를 형성하는 명사, 동사+de+무관사 명사, 형용사처럼 쓰이는 명사의 보어

**avoir besoin (peur, envie, horreur, tort, raison, lieu) de~**

**faire peur (preuve, signe) de~, couvert de~, pleurer de~, mourir de~**

**les billets de~, les pièces de~, les cartes de~**

Elle a envie de **gâteaux.**

Vous manquez d'**imagination**.

Elle pleure de **joie**.

Les champs sont couverts de **rosée**.

Je n'utilise pas les billets de **banque** ni les pièces de **monnaie** ; je préfère les cartes de **crédit**.

### 2.6.5 ni~ ni~, 주소, 거리, 도시명, 요일명, 알림, midi, minuit

Je **n'**ai **ni** pain **ni** biscuit.

**Midi** sonne.

**Défense** de fumer.

**Nettoyage** à sec.

**Avenue** de Montparnasse.

C'est (Nous sommes) **lundi**.

**Coiffeur** pour dames.

주의

- ne~ni~ni~의 문장에서 정관사는 생략되지 않는다.
  Je n'aime ni **la** ville ni **la** campagne.

### 2.6.6 관사가 없는 국가명

Chypre, Cuba, Israël, Singapour, Taïwan ...

### 2.6.7 속담, 격언

A **bon chat, bon rat**. (호적수이다)

**Pierre** qui roule n'amasse pas **mousse**.

## La visite d'un faux médecin

*Dans le Malade imaginaire, Molière se moque des mauvais médecins et des faux malades. Argan est un malade imaginaire, il n'est pas vraiment malade mais il s'imagine l'être : Toinette veut se moquer de lui ; pour cela, elle a mis des vêtements de médecin et parle comme un médecin.*

Toinette : Qui est votre médecin ?

Argan : M. Purgon.

Toinette : Je ne connais pas cet homme-là parmi les grands médecins. Pour quelle maladie vous soigne-t-il ?

Argan : Pour le foie.

Toinette : C'est un ignorant, vous êtes malade du poumon.

Argan : Du poumon ?

Toinette : Oui, que sentez-vous ?

Argan : Je sens de temps en temps des douleurs de tête.

Toinette : Justement ; le poumon.

Argan : J'ai quelquefois des maux de coeur.

Toinette : Le poumon.

Argan : Jai quelquefois de la fatigue par tous les membres.

Toinette : Le poumon. Vous avez de l'appétit quand vous mangez ?

Argan : Oui, Monsieur.

Toinette : Le poumon. Vous aimez à boire un peu de vin ?

Argan : Oui, Monsieur.

Toinette : Le poumon, le poumon, vous dis-je. Que vous ordonne votre médecin pour votre nourriture ?

Argan : Il m'ordonne du potage.

Toinette : Ignorant !

Argon : De la poule et du poulet.

Toinette : Ignorant !

Argan : Du veau.

Toinette : Ignorant !

Argan : Des œufs frais.

Toinette : Ignorant !

Argon : Et surtout de boire mon vin avec beaucoup d'eau.

MOLIÈRE, *Le Malade Imaginaire,* Acte III, scène X

# leçon 03

# 품질형용사

## l'adjectif qualificatif

# 품질형용사 l'adjectif qualificatif

품질형용사는 명사의 성질과 상태를 나타내며, 명사나 주어(명사나 대명사)의 성 · 수에 일치한다.

- Il y a une faute **évidente**.
- Ce garçon est **charmant**.

## 3.1 용법

■ 부가형용사 : 명사의 바로 앞이나 뒤에 놓인다.

un **petit** voyage au Maroc

■ 주어의 속사 : 이 경우 형용사는 주어의 성·수에 일치한다.

Une banane est **jaune** ou **verte**.

■ 동격

**Malade**, Pierre reste au lit.

## 3.2 품질형용사의 여성형

### 3.2.1 남성 형용사+e

un pantalon court → une chemise court**e**

un grand appartement → une grand**e** maison

### 3.2.2 _e → _e

un couloir rouge → une salle rouge
un exercice difficile → une réponse difficile

### 3.2.3 _er → _ère

un livre cher → une robe chère
un sac léger → une valise légère

### 3.2.4 _el, _eil, _en, _on, _et, _ot, _as, _il + 중자음 + e

**bon, cruel, ancien, bas, gros, épais, pareil, sot, muet, gentil ...**

un plafond bas → une maison basse

- **amical, fin, brun, certain, gris, divers**는 "e"만을 붙여 여성형을 만든다.

### 3.2.5 _et → _ète

**concret, discret, inquiet, replet, secret** ...

un album complet → une collection complète

### 3.2.6 _x → _se

**heureux, jaloux, honteux, haineux** ...

un homme heureux → une femme heureuse

- doux → douce
- roux → rousse
- faux → fausse

### 3.2.7 __f → __ve

**actif, captif, veuf, vif, neuf** ...

un résultat positi**f** → une réaction positi**ve**

예외 · bref → brève

### 3.2.8 __c

→ __**que** : publi**c** → publi**que**, tur**c** → tur**que**

→ __**che** : fran**c** → fran**che**, blan**c** → blan**che**,

se**c** → sè**che**

### 3.2.9 __eur

→ __**euse** : ment**eur** (→ ment**euse**), rieur, flatteur, trompeur ...

→ __**eresse** : pêch**eur** (→ pêch**eresse**), vengeur ...

→ __**rice** : créat**eur** (→ créat**rice**), directeur, protecteur, consolateur ...

→ __**eure** : antéri**eur** (→ antéri**eure**), postérieur, intérieur, meilleur ...

### 3.2.10 __eau → __elle

jum**eau** → jum**elle**, b**eau** → b**elle**

### 3.2.11 특수한 여성형

long → lon**gue**, dû → du**e**, frais → fra**îche**

favori → favori**te**, aigu → aigu**ë** (ambigu → ambigu**ë**)

### 3.2.12 남성 제2형을 갖는 여성형

| 남성 제1형 | | 남성 제2형 | | 여 성 형 | |
|---|---|---|---|---|---|
| **beau** | fauteuil | **bel** | appartement | **belle** | bibliothèque |
| **vieux** | journal | **vieil** | appareil | **vieille** | dame |
| **nouveau** | livre | **nouvel** | hôtel | **nouvelle** | histoire |
| **fou** | | **fol** | | **folle** | |
| **mou** | | **mol** | | **molle** | |

• 남성 제2형은 모음이나 무성 h로 시작하는 단수형 남성명사 앞에 놓인다.

## 3.3 품질형용사의 복수형

| 수 \ 성 | 단 수 | 복 수 |
|---|---|---|
| 남 성 | un mur vert | des murs vert**s** |
| 여 성 | une plante vert**e** | des plantes vert**es** |

### 3.3.1 모든 품질형용사의 여성형 복수는 여성형 단수에 "s"만 붙인다.

### 3.3.2 단수＋s

un tableau magnifique → des tableaux magnifique**s**

### 3.3.3 __s, __x → 불변

un camion gri**s** → des camions gri**s**

un lion heureu**x** → des lions heureu**x**

### 3.3.4 __al → __aux

**loyal, royal, amical, égal, local, final** ...

un conseil région**al** → des conseils région**aux**

un conseiller municip**al** → des conseillers municip**aux**

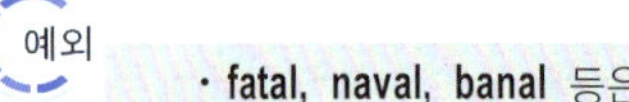

예외

· **fatal, naval, banal** 등은 "**s**"를 붙인다.

### 3.3.5 _eau → _eaux

Il est **beau**. → Ils sont **beaux**.

주의

· 명사와 달리 **_eu**로 끝난 형용사의 복수형은 **_eus**이다.
un sac bleu → des sacs bleus

## 3.4 품질형용사의 일치

### 3.4.1 성이 같거나 다른 여럿 명사(고유명사)와 품질형용사의 일치

un chat et un chien noir**s**

une tarte et une boisson chaud**es**

Claudine et Benjamin sont voisin**s**.

un pantalon et une chemise assorti**s**

### 3.4.2 품질형용사가 부사적으로 쓰일 때 어형불변이다.

**bas, fort, bon, mauvais, cher, court, doux,**
**droit, dur, faux, net, sec** ...

| | |
|---|---|
| parler **bas (fort)** | 낮은 (큰) 목소리로 말하다. |
| sentir **bon** | 냄새가 좋다. |
| coûter **cher** | 값이 비싸다. |
| marcher (tout) **droit** | 곧바로 걸어가다. |
| chanter **faux** | 노래를 틀리게 부르다. |

3.4.3 **색형용사는 일반적으로 명사의 성과 수에 일치하나, 색을 나타내는 명사가 색형용사로 쓰일 경우와 색형용사가 복합단어로 이루어진 경우 어형불변이다.**

des yeux bleus, une orchidée noire
des yeux **noisette**, une couverture **marron**
des yeux **bleu clair**, une peinture **blanc cassé**

3.4.4 **noisette, marron 등은 눈의 색깔을 표현할 경우, blond, brun, châtain 등은 머리카락의 색을 표현할 경우에 주로 사용된다.**

des yeux **marron**, des yeux **noisette**
des cheveux **blonds**, des cheveux **châtains**

## 3.5 품질형용사의 위치

3.5.1 **일반적으로 품질형용사는 명사 뒤에 놓인다.**

un homme **intelligent**, un appartement **idéal**
une revue **mensuelle**, les phrases **principales**

3.5.2 **명사 앞에 항상 놓이는 품질형용사**

**bon, mauvais, grand, petit, jeune, vieux, gros, beau, joli, long, large, autre ...**

une **belle** image, une **petite** rue
une **jolie** robe, une **longue** histoire

주의

- 명사 앞에 놓이는 형용사가 2개가 올 경우, 각각 명사 앞 · 뒤에 놓인다.
  une **jolie** robe **longue**, une **belle** jupe **plissée**, une **nouvelle** veste **cintrée**

### 3.5.3 명사 뒤에 항상 놓이는 품질형용사

■ 색깔 · 모양 · 기후(온도) · 맛의 형용사

un chapeau **jaune**, une table **ronde**

le thé **chaud**, le café **sucré**

■ 국적 · 종교 · 정치 · 역사 · 지리의 형용사

le livre **coréen**, le parti **social**

■ 형용사적으로 쓰인 분사

un homme **fatigué**, un travail **fatigant**

### 3.5.4 명사의 앞 · 뒤를 가리지 않고 놓이는 품질형용사

cette région **magnifique** / cette **magnifique** région

### 3.5.5 형용사의 복수형이 명사의 복수형 앞에 놓일 경우 부정관사 des는 de로 변한다.

**une** belle image → ~~**des**~~ → **de** belles images

**une** longue histoire → ~~**des**~~ → **de** longues histoires

· **des** jeunes gens, **des** jeunes filles의 경우 **des**는 그대로 쓰인다.
un jeune homme et une jeune fille → **des** jeunes gens

· gros mot는 복합어이므로 → **des** gros mots
(cf. **de** gros bateaux)

### 3.5.6 형용사의 위치에 따라 의미가 달라지는 형용사

| 명사 앞 | 명사 뒤 |
|---|---|
| un ancien ami<br>친구였던 사람 | un ami ancien<br>오랜 친구 |
| mon cher ami<br>사랑하는 친구 | un livre cher<br>비싼 책 |
| un certain sourire<br>어떤 미소 | une nouvelle certaine<br>확실한 소식 |
| la dernière classe<br>마지막 수업 | l'année dernière<br>작년 |
| un brave homme<br>정직한 사람 | un homme brave<br>용감한 사람 |
| un grand homme<br>위인 | un homme grand<br>키가 큰 사람 |
| un pauvre homme<br>불쌍한 사람 | un homme pauvre<br>가난한 사람 |
| un seul homme<br>단 한 사람(유일한) | un homme seul<br>고독한 남자 |
| une grosse chienne<br>살찐 개 | une chienne grosse<br>임신한 개 |
| une sage-femme<br>산파 | une femme sage<br>정숙한(온순한) 여자 |
| un maigre repas<br>변변치 못한 식사 | un repas maigre<br>고기 없는 식사 |
| ma propre maison<br>내 자신의 집 | ma maison propre<br>나의 깨끗한 집 |
| un simple soldat<br>(일개)졸병 | un soldat simple<br>소박한(순진한) 병사 |
| un triste personnage<br>한심한 인물 | un film triste<br>슬픈 영화 |

## Je pars en France !

— Bonjour, Lucette-Marie !

— Bonjour, Jean-Christophe !

— Comment vas-tu ?

— Je vais bien, merci. Et toi ?

— Ça va, merci. Mais ... Qu'est-ce que tu fais ? Tu pars en voyage ?

— Oui, je pars en France.

— En France ? Mais pourquoi ? Tu n'es pas bien avec nous ?

— Si, bien sûr... Mais j'ai envie de connaître d'autres pays !

— Ah bon... Mais dans les autres pays, tu n'auras peut-être pas de bons poissons frais et de belles grenouilles bien juteuses comme ici !

— Peut-être... Mais j'aurai autre chose. En France, il paraît qu'on mange des escargots !

— Des escargots ? Pouah ! Quelle horreur ! Je préfère une bonne grenouille bien juteuse qui croque sous la dent ! C'est bien meilleur !

— Eh bien moi, je préfère visiter d'autres pays ! C'est comme ça ! Alors au revoir, Jean-Christophe ! Et peut-être à bientôt !

— Au revoir, Lucette-Marie. Bonne chance !

Christian Lamblin, *Je m'entraine à la lecture*

# leçon 04

# 수형용사

## l'adjectif numéral

# 수형용사 l'adjectif numéral

## 4.1 형태

| 기수형용사 | | 서수형용사 | |
|---|---|---|---|
| 1 | un, une | $1^{er,\ ère}$ | premier, première |
| 2 | deux | $2^{e}$ | deuxième, second(e) |
| 3 | trois | $3^{e}$ | troisième |
| 4 | quatre | $4^{e}$ | quatrième |
| 5 | cinq [sɛ̃k] | $5^{e}$ | cinquième |
| 6 | six [sis] | $6^{e}$ | sixième |
| 7 | sept [sɛt] | $7^{e}$ | septième |
| 8 | huit [ɥit] | $8^{e}$ | huitième |
| 9 | neuf | $9^{e}$ | neuvième |
| 10 | dix [dis] | $10^{e}$ | dixième [dizjɛm] |
| 11 | onze | $11^{e}$ | onzième |
| 12 | douze | $12^{e}$ | douzième |
| 13 | treize | $13^{e}$ | treizième |
| 14 | quatorze | $14^{e}$ | quatorzième |
| 15 | quinze | $15^{e}$ | quinzième |
| 16 | seize | $16^{e}$ | seizième |
| 17 | dix-sept [di(s)sɛt] | $17^{e}$ | dix-septième |
| 18 | dix-huit [dizɥit] | $18^{e}$ | dix-huitième |
| 19 | dix-neuf [diznœf] | $19^{e}$ | dix-neuvième |
| 20 | vingt [vɛ̃] | $20^{e}$ | vingtième |
| 21 | vingt et un [vɛ̃teœ̃] | $21^{e}$ | vingt et unième |
| 22 | vingt-deux [vɛ̃t dø] | $22^{e}$ | vingt-deuxième |
| 23 | vingt-trois | $23^{e}$ | vingt-troisième |
| 24 | vingt-quatre | $24^{e}$ | vingt-quatrième |
| 25 | vingt-cinq | $25^{e}$ | vingt-cinquième |
| 26 | vingt-six | $26^{e}$ | vingt-sixième |
| 27 | vingt-sept | $27^{e}$ | vingt-septième |
| 28 | vingt-huit | $28^{e}$ | vingt-huitième |
| 29 | vingt-neuf | $29^{e}$ | vingt-neuvième |
| 30 | trente | $30^{e}$ | trentième |
| 31 | trente et un | $31^{e}$ | trente et unième |

| 32 | trente-deux | $32^{e}$ | trente-deuxième |
|---|---|---|---|
| 39 | trente-neuf | $39^{e}$ | trente-neuvième |
| 40 | quarante | $40^{e}$ | quarantième |
| 41 | quarante et un | $41^{e}$ | quarante et unième |
| 42 | quarante-deux | $42^{e}$ | quarante-deuxième |
| 49 | quarante-neuf | $49^{e}$ | quarante-neuvième |
| 50 | cinquante | $50^{e}$ | cinquantième |
| 51 | cinquante et un | $51^{e}$ | cinquante et unième |
| 52 | cinquante-deux | $52^{e}$ | cinquante-deuxième |
| 59 | cinquante-neuf | $59^{e}$ | cinquante-neuvième |
| 60 | soixante | $60^{e}$ | soixantième |
| 61 | soixante et un | $61^{e}$ | soixante et unième |
| 62 | soixante-deux | $62^{e}$ | soixante-deuxième |
| 69 | soixante-neuf | $69^{e}$ | soixante-neuvième |
| 70 | soixante-dix | $70^{e}$ | soixante-dixième |
| 71 | soixante et onze | $71^{e}$ | soixante et onzième |
| 72 | soixante-douze | $72^{e}$ | soixante-douzième |
| 79 | soixante-dix-neuf | $79^{e}$ | soixante-dix-neuvième |
| 80 | quatre-vingts | $80^{e}$ | quatre-vingtième |
| 81 | quatre-vingt-un | $81^{e}$ | quatre-vingt-unième |
| 82 | quatre-vingt-deux | $82^{e}$ | quatre-vingt-deuxième |
| 89 | quatre-vingt-neuf | $89^{e}$ | quatre-vingt-neuvième |
| 90 | quatre-vingt-dix | $90^{e}$ | quatre-vingt-dixième |
| 91 | quatre-vingt-onze | $91^{e}$ | quatre-vingt-onzième |
| 92 | quatre-vingt-douze | $92^{e}$ | quatre-vingt-douzième |
| 99 | quatre-vingt-dix-neuf | $99^{e}$ | quatre-vingt-dix-neuvième |
| 100 | cent | $100^{e}$ | centième |
| 101 | cent un | $101^{e}$ | cent unième |
| 102 | cent deux | $102^{e}$ | cent deuxième |
| 110 | cent dix | $110^{e}$ | cent dixième |
| 200 | deux cents | $200^{e}$ | deux centième |
| 201 | deux cent un | $201^{e}$ | deux cent unième |
| 210 | deux cent dix | $210^{e}$ | deux cent dixième |
| 1000 | mille | $1000^{e}$ | millième |
| 1001 | mille un | $1001^{e}$ | mille unième |
| 2000 | deux mille | $2000^{e}$ | deux millième |
| 10000 | dix mille (만) | $10000^{e}$ | dix millième |
| 100000 | cent mille (10만) | $100000^{e}$ | cent millième |
| 1000000 | un million (100만) | $1000000^{e}$ | millionième |
| 1000000000 | un milliard (10억) | $1000000000^{e}$ | milliardième |

**주의**

- **six, huit, dix**은 다음에 자음으로 시작하는 명사가 오면 끝자음이 발음되지 않는다.
  **six** livres [**si** li:vR], **huit** jours [**ɥi** ʒu:R]
- **vingt**이 형용사로서 모음이나 무성 h 앞에 올 경우와 22~29 사이에서는 발음이 [**vɛ̃t**]이다.

## 4.2 용법

수 형용사는 기수형용사와 서수형용사로 구분되며, 사람과 사물의 정확한 수와 열을 나타낸다.

### 4.2.1 기수형용사 : 명사의 정확한 수를 나타낸다.

■ 단순형

un, deux, trois, quatorze, quinze, trente, cent, mille ...

■ 복합형

첨가에 의한 것 → dix-huit, vingt et un

배가에 의한 것 → quatre-vingts, deux cents

■ cent

예를 들어 200, 300 ... 등은 cent에 "s"를 붙여 deux cents, trois cents ... 이나, 201부터 cents에서 "s"가 생략되어 **deux cent un, cinq cent vingt** ...이 된다.

■ mille

단 · 복수형이 같다. → **mille**, deux **mille**, trois **mille** ...

### 4.2.2 서수형용사 : 명사의 정확한 열을 나타내며 명사 앞에 놓인다.

■ 접미사 _**ième**를 붙여서 이루어지는 단순형

trois**ième**, soixant**ième**, cent**ième**, mill**ième** ...

■ 접미사 _**ième**를 붙여서 이루어지는 복합형

**vingt et unième**, **trente-deuxième** ...

■ 그 밖에 특수형

**premier(première)**, **second(seconde)**

Je prends le train en **seconde** classe.

J'ai lu le **premier** tome de cet ouvrage.

**주의**

- _e로 끝난 기수형용사를 서수형용사로 바꿀 때 **e**를 빼고 **_ième**를 붙힌다.
  quatre → quatr**ième**, trente → trent**ième**
- cinq의 경우에는 cinq와 ième 사이에 발음 때문에 **u**를 넣는다.
  cinq → cinquième
- neuf의 경우에는 **f**가 **v**로 변한다.
  neuf → neu**v**ième

## 4.3 수형용사의 일치

### 4.3.1 기수형용사는 불변이다.

**vingt et une** pages (21쪽 분량의 책을 가리킴)

page **trente-quatre** (제34쪽, 쪽번호를 가리킴)

Nous sommes **dix** dans le groupe.

Les **sept** sages de la Grèce.

Ces **trois** chambres sont libres.

Il a un **dix** en grammaire et un **zéro** en dictée. (문법에서 10점과 받아쓰기에서 0점)

### 4.3.2 여성 명사를 수식할 경우 un 대신에 une가 쓰인다.

**quarante et une** lignes (ligne가 여성 명사이므로 quarante et un이 아닌 quarante et une가 사용됨)

### 4.3.3 서수형용사는 명사의 성 · 수에 일치한다.

les **premières** pages d'un livre (책의 앞 부분)

la **seconde** guerre mondiale (제2차 세계대전)

## 4.4 특수용법

| | |
|---|---|
| 날짜, 연도 | **le premier** janvier **dix-neuf cent soixante-quinze** (1975. 1. 1.)<br>(1일은 **le premier**임)<br>**le onze** février **deux mille dix.** (2010. 2. 11.) |
| 왕이나 군주의 호칭 | Charles **huit** (샤를르 8세), Louis **dix** (루이 10세),<br>Napoléon **premier**(나폴레옹 1세) (1세에는 premier를 사용함) |
| 책의 장, 쪽번호<br>연극의 막, 장<br>집 주 소 | chapitre **un**, page **un** (제1쪽 : page première가 아님)<br>le **premier** acte, la **première** scène<br>**trente**, rue Mozart (30번지) |

## 4.5 수의 명사적 용법

| | |
|---|---|
| 명사적 용법 | 2 + 3 = 5 : Deux **et** (plus) trois **font** (égalent) cinq.<br>5 − 3 = 2 : Cinq **moins** trois **font** (égalent) deux.<br>5 × 2 = 10 : Cinq **fois** (multiplié par) deux **font** (égalent) dix.<br>10 ÷ 2 = 5 : Dix **divisé par** deux **font** cinq.<br>3,14 : trois **virgule** quatorze |
| 배가 | le simple (단식), le double (2배), le triple (3배),<br>le quadruple (4배), le quintuple (5배), le sextuple (6배)이며,<br>7배부터는 sept fois plus, huit fois plus, neuf fois plus이고<br>100배는 le centuple이다. |
| 접미사 '-aine'이<br>덧붙으면 '약 ~' | **une vingtaine d'œufs** (달걀 약 20알)<br>**un millier de** grévistes (약 천여 명의 파업노동자) |
| 분수<br><br>~명(점) 중 ~명(점) | Payez **le tiers** de vos impôts. (당신 세금의 **1/3**을 내시오)<br>1/2 : un demi, 1/4 : un quart, 3/4 : trois quarts<br>**sept** parisiens **sur dix** (파리 사람 10명 중 7명)<br>obtenir **dix sur vingt** (20점 만점에 10점을 획득하다) |
| ~ % | **dix pour cent des** Français (프랑스 사람의 10%) |
| ~ 대 ~ | 3 **à** 0 (3 : 0) |

// 프랑스어문법 //

# leçon 05

# 지시형용사와 지시대명사

## l'adjectif et le pronom démonstratif

# 지시형용사와 지시대명사
## l'adjectif et le pronom démonstratif

## 5.1 지시형용사

### 5.1.1 형태

| 형태 \ 성과 수 | | 단수 남성 | 단수 여성 | 복수 남·여성 |
|---|---|---|---|---|
| 단순형 | 제1형 | **ce** mur<br>**ce** héros<br>(자음이나 유성 h 앞에서) | **cette** table<br>**cette** honte | **ces** murs<br>**ces** héros<br>**ces**‿écrivains<br>**ces**‿hôpitaux |
| | 제2형 | **cet**‿écrivain<br>**cet**‿hôpital<br>(모음이나 무성 h 앞에서) | **cette** ardeur<br>**cette** histoire | **ces** tables<br>**ces** hontes<br>**ces**‿ardeurs<br>**ces**‿histoires |
| 복합형 | 제1형 | **ce** lycée - **ci**<br>**ce** lycée - **là** | **cette** clé - **ci**<br>**cette** clé - **là** | **ces** lycées - **ci**<br>**ces** lycées - **là**<br>**ces**‿arbres - **ci** |
| | 제2형 | **cet**‿arbre - **ci**<br>**cet**‿arbre - **là** | | **ces**‿arbres - **là**<br>**ces** clés - **ci**<br>**ces** clés - **là** |

### 5.1.2 용법

- 지시형용사는 사람·사물을 지적하며, 명사의 성·수에 일치한다.

J'habite à **cet** étage.

Je regarde toujours **ces** joueurs de tennis.

주 의

- 모음이나 무성 h로 시작하는 남성 명사나 남성 형용사 앞에서 **ce**가 **cet**로 바뀐다.

cet‿hôtel, cet‿appartement,
cet‿autre appartement, cet‿horrible accident

■ 지시형용사 복합형은 원·근과 두 대상의 차이를 나타낸다.

Je prends **cette** cravate-**ci** et elle prend **ce** bracelet-**là**.

### 5.1.3 지시형용사의 특수성

■ 사람·사물·생각을 지시한다.

**Cette** réponse ne satisfait personne.

■ 시간명사 앞에서

**Cette** année, il entre à l'école. (올해)

[**ce** matin (오늘 아침), **cette** semaine (이번 주), **ce** mois-**ci** (이 달)]

Il fera beau **ce** jour-**là**. (그 날)

Il faisait beau **ce** matin-**là**. (그 날 아침)

## 5.2 지시대명사

### 5.2.1 형태

| 형태 \ 성 | | 남 성 | 여 성 | 중성형 |
|---|---|---|---|---|
| 단수 | 단순형 | celui | celle | ce |
| | 복합형 | celui-ci, celui-là | celle-ci, celle-là | ceci, cela, ça |
| 복수 | 단순형 | ceux | celles | |
| | 복합형 | ceux-ci, ceux-là | celles-ci, celles-là | |

### 5.2.2 용법

■ 지시대명사는 사람과 사물을 대신하며, 단순형과 복합형, 남·여성, 단·복수형이 있다.

Tu veux de la soupe ?
— Oui, **celle** de maman !

Je voudrais changer d'appartement : **celui-ci** (= cet appartement-ci) est trop petit.

■ 지시대명사 중성형은 사람·사물·생각·절·문장 등을 지적한다.

**C'**est lui le premier.

Cette voiture est **celle** de monsieur Pépin.

Je partirai la semaine prochaine pour Paris ; **cela** est décidé depuis longtemps.

■ 지시대명사 복합형은 지시형용사처럼 원·근, 두 대상의 차이, 전자**(-là)**와 후자**(-ci)**를 나타낸다.

Choisissez une cravate : **celle-ci** est fort jolie ; **celle-là** est plus simple.

Ce T-shirt existe en deux modèles : **celui-ci**, à manches courtes et **celui-là**, sans manches.

Pierre et Paul sont sportifs ; mais **celui-ci**(= Paul) aime le rugby et **celui-là**(= Pierre) aime le football.

■ 지시대명사 **celui, celle, ceux, celles**은 관계대명사의 선행사로 쓰일 때 사람을 지칭한다.

Connaissez-vous **celui** qui m'a parlé ?

Ma fille aînée, **celle** que vous voyez sur la photo, travaille à Nantes.

■ 지시대명사 중성형과 복합형은 단독으로 쓰이기도 한다.

**Cela** est un bon roman, mais je préfère **celui-là**(= ce roman-là).

■ 지시대명사 중성형 **ce**는 **être**를 동사로 취하며, 주어나 관계대명사의 선행사로 쓰인다.

**C'**est si bon !

**Ce** que vous venez de dire m'intéresse beaucoup.

ce : 지시형용사와 지시대명사
· 지시형용사 : Il n'arrive pas à remplir **ce** papier.
· 지시대명사 : **Ce** n'est pas son jour. **C'**est lui que j'ai vu.

# leçon 06

# 소유형용사와 소유대명사

## l'adjectif et le pronom possessif

# 소유형용사와 소유대명사
## l'adjectif et le pronom possessif

## 6.1 소유형용사

### 6.1.1 형태

| 피소유물의 성과 수 / 소유자의 수 | 단 수 | | | | 복 수 | | | |
|---|---|---|---|---|---|---|---|---|
| | 남 성 | | 여 성 | | 남 성 | | 여 성 | |
| 단 수 | **mon** | sac | **ma** | valise | **mes** | sacs | **mes** | valises |
| | **ton** | sac | **ta** | valise | **tes** | sacs | **tes** | valises |
| | **son** | sac | **sa** | valise | **ses** | sacs | **ses** | valises |
| 복 수 | **notre** | sac | **notre** | valise | **nos** | sacs | **nos** | valises |
| | **votre** | sac | **votre** | valise | **vos** | sacs | **vos** | valises |
| | **leur** | sac | **leur** | valise | **leurs** | sacs | **leurs** | valises |

**주의**

- 모음이나 무성 h로 시작하는 여성 명사나 여성 형용사 앞에서 **ma, ta, sa**가 **mon, ton, son**으로 바뀐다.

**mon**‿amie, **ton**‿habitation, **son**‿opinion
**Sa** grande fille me renseigne.
**Son**‿aimable fille me renseigne.

### 6.1.2 용법 : 소유와 피소유의 관계를 나타낸다.

Elles ont des chaises : ce sont **leurs** chaises.

Vous avez des chemises : ce sont **vos** chemises.

### 6.1.3 소유형용사의 특수성

■ 신체의 일부, 의상, 소유자가 분명할 경우 소유형용사 대신에 정관사를 사용한다.

J'ai mal à la tête. (la = ma)
Il le saisit par la ceinture. (la = sa)

■ 부정대명사 **on**이 소유자일 때 소유형용사는 **son, sa, ses**이나, **on**이 **nous**나 **vous**를 의미할 때, 소유형용사는 **notre, votre, nos, vos**이다.

On a le droit d'avoir **son** opinion.
On prend **notre** sac et **nos** clés. (on = nous)

■ 부정대명사 **chacun**이 소유자일 때 소유형용사는 **son, sa, ses**이나, 명사의 복수형이 **chacun** 앞에 올 경우 소유형용사는 **son**이나 **leur**이다.

**Chacun** a **son** charme.
Les élèves ont chacun **leur (son)** crayon. (소설에서 사용)

## 6.2 소유대명사

### 6.2.1 형태

| 피소유물의 성과 수 / 소유자의 수 | 단 수 | | 복 수 | |
|---|---|---|---|---|
| | 남 성 | 여 성 | 남 성 | 여 성 |
| 단 수 | le mien<br>(mon sac)<br>le tien<br>le sien | la mienne<br>(ma valise)<br>la tienne<br>la sienne | les miens<br>(mes clés)<br>les tiens<br>les siens | les miennes<br>(mes robes)<br>les tiennes<br>les siennes |
| 복 수 | le nôtre<br>(notre sac)<br>le vôtre<br>le leur | la nôtre<br>(notre valise)<br>la vôtre<br>la leur | les nôtres<br>(nos clés, nos robes)<br>les vôtres<br>les leurs | |

### 6.2.2 용법 : 모든 대명사들처럼 소유대명사로 명사를 대신하나, 소유의 개념이 첨가된다.

Est-ce que c'est ton pull ?
— Oui, c'est **le mien**(= mon pull), et celui-là, c'est **le tien**(= ton pull).
Ce sac de sport est **le mien**(= mon sac).

## L'homme d'affaires

La quatrième planète était celle de « l'homme d'affaires » ; cet homme était très occupé et il n'a pas même levé la tête à l'arrivée du petit prince.

— Bonjour, lui a dit celui-ci, votre cigarette est éteinte.

— Trois et deux font cinq ; cinq et sept douze, et trois, quinze. Bonjour. Quinze et sept, vingt-deux ; vingt-deux et six, vingt-huit. Pas le temps de la rallumer. Vingt-six et cinq, trente et un. Ça fait donc cinq cent un millions six cent vingt-deux mille sept cent trente et un.

— Cinq cents millions de quoi ?

— Quoi : tu es toujours là ? Cinq cent un millions de... je ne sais plus..., j'ai tellement de travail ; je suis sérieux moi, je ne m'amuse pas à des balivernes ; deux et cinq sept...

— Cinq cent un millions de quoi ? a répété le petit prince qui, jamais de sa vie n'avait renoncé à une question quand il l'avait posée.

L'homme d'affaires a levé la tête ;

— Depuis cinquante-quatre ans, j'habite cette planète et je n'ai été dérangé que trois fois ; la première fois ç'a été il y a vingt-deux ans et j'ai fait quatre erreurs dans une addition ; la deuxième fois, ç'a été il y a onze ans, par une crise de douleurs ; je manque d'exercice. Je n'ai pas le temps de m'amuser ; je suis sérieux moi ; la troisième fois... la voici. Je disais donc cinq cent un millions...

— Millions de quoi ?

— Millions de ces petites choses que l'on voit quelquefois dans le ciel.

— Des mouches ?

— Mais non, des petites choses qui brillent.

— Des abeilles ?

— Mais non...

— Ah ! des étoiles.

— C'est bien ça, des étoiles.

— Et que fais-tu de cinq cents millions d'étoiles ?

— Cinq cent un millions six cent vingt-deux mille, sept cent trente et un. Je suis sérieux, moi, je suis précis.

— Et que fais-tu de ces étoiles ?

— Ce que j'en fais ?

— Oui.

— Rien. Je les possède....

Antoine de SAINT-EXUPÉRY, *Le Petit Prince*

# leçon 07

# 비교급과 최상급

## le comparatif et le superlatif

# 비교급과 최상급
# le comparatif et le superlatif

## 7.1 비교급

### 7.1.1 형태

사람이나 사물의 질과 양을 우등·열등·동등으로 나누어 비교하는 것이다.

우등 비교급 : Il est **plus** grand **que** Marie.

열등 비교급 : Il est **moins** blond **que** Marie.

동등 비교급 : Il est **aussi** jeune **que** Marie.

### 7.1.2 용법

■ 형용사와 부사의 비교급

plus<br>moins<br>aussi } + 형용사·부사 + que

형용사의 비교급 : Jean est **plus** vif **que** Paul.
Les jeunes sont **aussi** sensibles **qu'**avant.

부사의 비교급 : Ta lampe éclaire **moins** bien **que** la mienne.
Cette cravate-ci coûte **plus** cher **que** celle-là.

■ 명사의 비교급

plus de<br>moins de<br>autant de } + 무관사 { 보통명사(복수형)<br>추상·물질명사(단수형) } + que

Emma fait **plus de** sport **que** Pauline.

Béatrice lit **autant de** poèmes **que** Jeanne.

### 7.1.3 비교 문장에서의 주의 사항

- 부정문에서 **aussi** 대신에 **si, autant** 대신에 **tant**이 쓰이기도 한다.

Elle est **aussi** prudente **que** Pierre.
→ Elle **n'est pas si** prudente **que** Pierre.

Elle a **autant de** prudence **que** Pierre.
→ Elle **n'a pas tant de** prudence **que** Pierre.

- 부사 **beaucoup, un peu, bien** 등은 **plus / moins ~ que, plus / moins de ~** 앞에 놓여 비교급을 강조한다.

Il fait **beaucoup plus** froid **qu'**hier mais il y a **bien moins de** brouillard.

- **tout**는 **aussi ~ que, autant de ~ que** 앞에 놓여 비교급을 강조한다.

On n'a pas pris le même menu mais on a **tout aussi** bien déjeuné **que** vous.

Vous vous plaignez mais vous savez, nous avons **tout autant de** soucis **que** vous.

- 구체적으로 수량이 제시될 경우

Elle est **plus** âgée **que** moi **de 3 ans**.
(= Elle a **3 ans de plus que** moi.)

- **antérieur, postérieur, supérieur, inférieur**와 **préférer** 동사에서는 **que**대신에 **à**를 쓴다.

Je **préfère** ceci **à** cela.
(= J'**aime mieux** ceci **que** cela.)

## 7.2 최상급

### 7.2.1 형태

사람이나 사물이 질과 양에서 가장 높거나 가장 낮은 수준을 표현할 때 최상급을 사용한다. 따라서 최상급에는 우등과 열등만이 있다.

우등최상급 : **la plus** belle danseuse **du** ballet

열등최상급 : les mers **les moins** calmes

### 7.2.2 용법

■ 형용사의 최상급

우등최상급 : le, la, les plus
열등최상급 : le, la, les moins
} + 형용사 + de

Le Sahara est le désert **le plus** vaste **de la** planète.
Cette leçon est **la moins** intéressante **du** livre.

■ 명사의 최상급

우등최상급 : le plus de
열등최상급 : le moins de
} + 명사 + de

C'est elle qui a **le plus de** talent.
C'est lui qui a **le moins de** problèmes.

■ 부사의 최상급에는 **le plus**와 **le moins**만 있다.

Robert parle allemand **le moins** bien **de** sa classe.
Catherine danse **le plus** gracieusement **de** sa troupe.

### 7.2.3 절대최상급

**très, fort, bien** 같은 부사를 사용하여 절대최상급을 만든다.

Luc est **très** sage, **fort** aimable.

## 7.3 특수한 형태의 우등비교법과 우등최상급

| 원 급 | 우등비교급 | 우등최상급 |
|---|---|---|
| bon | meilleur(e,s,es) | le, la, les meilleur(e,s,es) |
| petit | moindre(s) | le, la, les moindre(s) |
| | plus petit | le, la, les plus petit(e,s,es) |
| mauvais | pire(s) | le, la, les pire(s) |
| | plus mauvais | le, la, les plus mauvais(e,s,es) |
| bien | mieux | le mieux |
| mal | pis, | le pis |
| | plus mal(흔히 사용) | le plus mal |
| beaucoup | plus | le plus |
| peu | moins | le moins |

우등비교급 : L'air est **meilleur** à la campagne.
Mon stylo écrit **mieux que** celui-là.

우등최상급 : C'est **le meilleur** fromage **de** cette région.
C'est Charles qui répète **le plus**.

### 7.3.1 le plus mauvais와 le pire의 차이

C'est **le plus mauvais** restaurant de la ville.
(d'autres restaurants sont bons)

C'est **la pire** des situations.
(les autres situations sont mauvaises)

### 7.3.2 le moins bien과 le plus mal의 차이

C'est elle qui travaille **le moins bien**.
(les autres travaillent bien)

C'est elle qui travaille **le plus mal**.
(les autres travaillent mal)

7.3.3 **bien mieux, bien meilleur, bien pire, beaucoup mieux, beaucoup plus라고 표현할 수 있으나, beaucoup meilleur나 beaucoup pire라고 표현할 수는 없다.**

Louis fume **beaucoup plus que** son frère.
Elle chante **beaucoup mieux que** son mari.

7.3.4 **지시형용사나 소유형용사를 사용하여 최상급을 만들기도 한다.**

Essayez **cette plus** jolie robe.
Elle est **ma meilleure** collègue.

## 7.4 그 밖의 표현

7.4.1 **plus ~ plus ~ : 더 ~ 하면 할수록 더 ~ 하다.**
**moins ~ moins ~ : 덜 ~ 하면 할수록 덜 ~ 하다.**
**plus ~ moins ~ : 더 ~ 하면 할수록 덜 ~ 하다.**
**moins ~ plus ~ : 덜 ~ 하면 할수록 더 ~ 하다.**

**Plus** je regarde ce tableau, **plus** il me plaît.
**Moins** je mange, **moins** je grossis.

7.4.2 **de plus en plus (≠ de moins en moins) : 점점 더 (≠ 점점 덜)**

Le caviar coûte **de plus en plus** cher
et j'ai **de moins en moins** d'argent.

7.4.3 **le même, la même, les mêmes ~ que ~ : ~와 같은 ~**

Tu as **le même** âge **que** ton copain ?
— Oui, j'ai **le même que** lui.
Je descends à **la même** gare **que** lui.

### 7.4.4 comme : 마치 ~ 처럼

Tu feras **comme** tu veux.

Il est doux **comme** un agneau.

### 7.4.5 en comparaison de, par rapport à : ~ 에 비하여

Les résultats sont bons **en comparaison de** ceux de l'an dernier.

Les chiffres sont bas **par rapport à** ceux du mois dernier.

### 7.4.6 autre ~ que ~ : ~ 와 다른 ~

Il habite dans un **autre** quartier **que** moi.

### 7.4.7 le plus tôt (tard, souvent) possible : 가능한 한 일찍 (늦게, 자주)

Je partirai **le plus** tôt **possible**.

## Mon quartier

J'habite dans le quartier de Montparnasse. Mon appartement se trouve tout près de la gare. C'est un quartier très animé avec ses nombreux magasins. Le matin, après avoir préparé le café, je vais acheter une baguette et des croissants chez le boulanger. En rentrant, je passe souvent à un kiosque pour acheter le journal. Il y a aussi un grand supermarché où je fais mes courses chaque samedi. J'y achète surtout mes vêtements. Dans un café qui se trouve à côté de mon appartement, je passe souvent quelques heures de l'après-midi à lire des livres, et parfois, à écrire des lettres.

〈 파리의 마레 지구 〉

// 프랑스어문법 //

# leçon 08

# 중성대명사

## le pronom neutre

8.1 le
8.2 y
8.3 en

# 중성대명사 le pronom neutre

## 8.1 le

중성대명사 "le(l')"는 어형불변이며 cela의 의미를 갖는다. **앞서 나온 '명사, 형용사, 부정법, 구, 절'을 대신하며, 동사 앞에** 놓인다.

### 8.1.1 명사와 형용사와 구 : être동사와 함께 사용된 명사, 형용사, 구를 대신한다.

Il est bon acteur ?
— Non, il ne **l'**est plus. (le = bon acteur)

Elle est catholique ?
— Non, mais elle **l'**a été. (le = catholique)

Elle est riche ?
— Oui, elle **l'**est. (le = riche).

Elle est en colère ?
— Ah oui, elle **l'**est vraiment. (le = en colère)

### 8.1.2 부정법

Écrivez à vos parents, quand vous **le** pouvez. (= écrire)

### 8.1.3 절(문장)

Arrivera-t-elle ?
— Je **l'**espère. (le = qu'elle arrivera)

Savez-vous pourquoi il est parti ?
— Non, je ne **le** sais pas. (le = pourquoi il est parti)

Il revient quand ?
— Je **l'**ignore. (le = quand il revient)

Il regrette d'avoir fait ça ?
— Il **le** regrette. (le = d'avoir fait ça)

Veut-il que nous y allions ?
— Oui, il **le** veut. (le = que nous y allions)

## 8.2 y

중성대명사 "y"는 어형 불변이며, à cette personne-là, à cette chose-là, à cela의 의미를 갖는다. '장소를 나타내는 전치사 + 명사'와 'à + 명사, 대명사, 부정법, 절(문장)'을 대신하며, 동사 앞에 놓인다.

### 8.2.1 장소를 나타내는 전치사(à, dans, sur, en 등)+명사

Tu es encore en Suède ?
— Oui, j'**y** suis encore. (y = en Suède)

Elle habite au troisième ?
— Oui, elle **y** habite. (y = au troisième)

Tu connais Nice ?
— Non, je n'**y** suis jamais allé. Mais Jean **y** habite. (y = à Nice)

### 8.2.2 à+명사, 대명사, 부정법, 절(문장)

à + 사물 : Croyez-vous au progrès ?
— Oui, j'**y** crois. (y = au progrès)

Tu joues souvent aux échecs ?
— Non, je ne sais pas **y** jouer. (y = aux échecs)

à + 절 : Penses-tu à ce que je t'ai dit ?
— Oui, j'**y** pense. (y = à ce que je t'ai dit)

## 8.3 en

중성대명사 "en"은 어형 불변이며 de cela, de lui, d'elle 등의 의미를 갖는다. **'de + 명사, 대명사, 부정법, 절(문장)'**과 **'부정관사, 부분관사, 수형용사의 직접보어구'를 대신하며, 동사 앞에** 놓인다.

### 8.3.1 de + 명사, 대명사, 부정법, 절(문장)

de + 명 사 : Vous avez besoin de ce journal ?
— Non, je n'en ai pas besoin. (en = avoir besoin de ce journal)

Il revient de la banque ?
— Oui, il en revient. (en = revenir de la banque)

de + 부정법 : J'ai réussi et j'en suis fier. (en = être fier d'avoir réussi)

Être membre d'un parti politique, tu en as envie.
(en = avoir envie d'être membre d'un parti politique)

### 8.3.2 부정관사, 부분관사, 수형용사, 수량부사 + de

부정관사 : As-tu cueilli **des** fleurs ? — Oui, j'**en** ai cueilli.

부분관사 : Tu prends **du** café ? — Non, je n'**en** prends pas.

수형용사 : Il a **des** enfants ? — Oui, il **en** a trois.

수량부사 + de : Julien a **beaucoup de** problèmes ? — Non, il n'**en** a pas **beaucoup**.

### 8.3.3 중성대명사 en과 함께 쓰이는 일상적인 표현

Au revoir, **je m'en vais** ! (s'en aller : 떠나버리다)

Ça suffit ! **J'en ai assez** ! (en avoir assez : 그만 싫증나다)

**J'en ai marre** ! (en avoir marre : [친근한 표현으로] 지긋지긋하다)

Je suis fatigué : **je n'en peux plus**. (n'en pouvoir plus : 지칠 대로 지치다)

Je ne lui pardonne pas : **je lui en veux**. (en vouloir à q.n. : ~를 원망하다)

Ce n'est pas grave, ne vous inquiétez pas, **ne vous en faites pas**.
(s'en faire : 걱정하다)

비 교

- en : 중성대명사와 전치사

중성대명사 : Tu viens du cinéma ? — J'en viens.

전치사 : Tu vas en ville ? — J'y vais.

# leçon 09

# 인칭대명사

## le pronom personnel

# 인칭대명사 le pronom personnel

## 9.1 형태

| 주어<br>(~는) | 직접목적보어<br>(~을) | 간접목적보어<br>(~에게) | 강세형 |
|---|---|---|---|
| je(j')<br>tu<br>il, elle | me(m')<br>te(t')<br>le, la(l') | me(m')<br>te(t')<br>lui | moi<br>toi<br>lui, elle |
| nous<br>vous<br>ils, elles | nous<br>vous<br>les | nous<br>vous<br>leur | nous<br>vous<br>eux, elles |

## 9.2 용법

### 9.2.1 주어 인칭대명사 (le sujet)

| | | | |
|---|---|---|---|
| 1인칭 단수<br>2인칭 단수<br>3인칭 단수 | **je** téléphone<br>**tu** parles<br>**il / elle** mange | 1인칭 복수<br>2인칭 복수<br>3인칭 복수 | **nous** entrons<br>**vous** venez<br>**ils / elles** sortent |

주의

- on은 "모든 사람"을 의미하나 3인칭 단수로 취급되어 동사도 3인칭 단수를 사용하며, 주어인칭대명사 nous, vous, elles, ils나 남·여성 단수를 대신할 수 있다.

  Anna et moi, on est fatigué**s**. (on = nous, 이 경우 동사는 3인칭 단수이나 형용사는 복수임)
  Quand on est sportiv**e**, on est muscul**ée**. (on이 여성 단수일 경우)

## 9.2.2 직접목적보어 인칭대명사 (le complément d'objet direct)

| 인칭 | 주어 | 동사 | 비고 |
|---|---|---|---|
| 1인칭 단수 | Elle | **me** regarde. | [elle regarde (**moi**).] |
| 2인칭 단수 | Il | **te** regarde. | [il regarde (**toi**).] |
| 3인칭 단수 | Je | **le** mange. | (**le pain**) |
| | Je | **la** mange. | (**la pomme**) |
| | Je | **le** connais. | (**Paul**) |
| | Je | **la** connais. | (**Françoise**) |
| 1인칭 복수 | Ils | **nous** appellent. | [ils appellent (**nous**).] |
| 2인칭 복수 | Nous | **vous** attendons. | [nous attendons (**vous**).] |
| 3인칭 복수 | Tu | **les** aimes. | (**tes parents**) |
| | Tu | **les** aimes. | (**les crêpes**) |

주 의

- 직접목적보어 인칭대명사와 voilà
  Où est Marie ? — Voilà Marie. **La** voilà.
  Où sont les cartes ? — **Les** voilà.

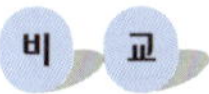

le : 중성대명사와 직접목적보어 인칭대명사
- 중성대명사 : Elle est malade, mais il ne **le** sait pas. (le = Elle est malade.)
- 직접목적보어 인칭대명사 : Veux-tu voir ce film ?
  — Oui, je veux **le** voir. (le = ce film)

## 9.2.3 간접목적보어 인칭대명사 (le complément d'objet indirect)

| 인칭 | 주어 | 동사 | 비고 |
|---|---|---|---|
| 1인칭 단수 | Elle | **m'**achète une chemise. | [elle achète (**à moi**).] |
| 2인칭 단수 | Je | **t'**achète un pantalon. | [j'achète (**à toi**).] |
| 3인칭 단수 | Tu | **lui** achètes un manteau. | [tu achètes (**à lui**).] |
| | | | [tu achètes (**à elle**).] |
| 1인칭 복수 | Il | **nous** parle. | [il parle (**à nous**).] |
| 2인칭 복수 | Je | **vous** parle. | [je parle (**à vous**).] |
| 3인칭 복수 | Nous | **leur** parlons. | [nous parlons (**à eux**).] |
| | | | [nous parlons (**à elles**).] |

비교

leur : 소유형용사와 인칭대명사

· leur가 소유형용사일 경우 피소유물의 수에 일치하며, leur 다음에 명사가 온다.
**leur** intérêt, **leurs** chaises

· leur가 인칭대명사일 경우 불변의 어형이며, 동사 앞에 놓인다.
Que **leur** proposez-vous ?

### 9.2.4 강세형 인칭대명사 (les pronoms personnels d'insistance)

| | | |
|---|---|---|
| 1인칭 단수<br>2인칭 단수<br>3인칭 단수 | **Moi**, je préfère le vin.<br>**Toi**, tu préfères le vin.<br>**Lui**, il préfère le vin.<br>**Elle**, elle préfère le vin. | Je préfère le vin, **moi**.<br>Tu préfères le vin, **toi**.<br>Il préfère le vin, **lui**.<br>Elle préfère le vin, **elle**. |
| 1인칭 복수<br>2인칭 복수<br>3인칭 복수 | **Nous,** nous aimons les vacances.<br>**Vous**, vous aimez les vacances.<br>**Eux**, ils sont passionnés.<br>**Elles**, elles sont passionnées. | |

- 강세형 인칭대명사는 **주어, 목적보어, 속사, 호칭, même**와 **함께 쓰여 강조**를 나타내며, 문장 맨 앞이나 뒤에 놓인다.

- 강세형 인칭대명사는 **전치사의 뒤, 비교구문의 que 다음, 강조구문**에서 쓰인다.

전치사 뒤 : Ça n'est pas pour **toi.**

비교구문 : Elle est plus grande que **lui**.

강조구문 : C'est **lui** qui est fatigué.

## 9.3 보어 인칭대명사의 위치

보어 인칭대명사는 **평서문 · 의문문 · 부정 명령문에서** 모두 **동사 앞**에 놓인다.

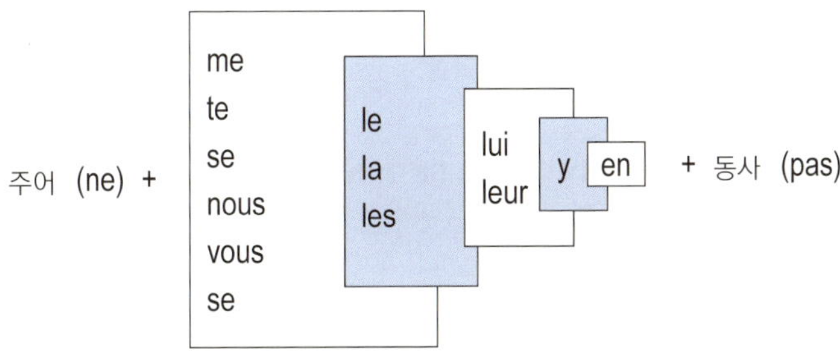


### 9.3.1 1 · 2인칭과 3인칭이 함께 있는 문장 : 주어 + 1 · 2인칭 + 3인칭 + 동사

Tu achètes le manteau (à moi)
c.o.d. c.o.i.

→ Tu **me** **l'**achètes.
c.o.i. c.o.d.

Mon frère nous donnera ces livres.
c.o.i. c.o.d.

→ Mon frère **nous** **les** donnera.
c.o.i. c.o.d.

주 의

· **parler à, téléphoner à** 등 다음에 **사람이 오면 간접목적보어 인칭대명사로** 바뀐다.

Je parle à mon ami. → Je lui parle.
à + 사람 간접목적보어 인칭대명사

Je téléphone à Paul. → Je lui téléphone.
à + 사람 간접목적보어 인칭대명사

### 9.3.2 3인칭만 있는 문장 : 주어 + c.o.d. + c.o.i + 동사

J'explique les exercices aux étudiants.
c.o.d. c.o.i.

→ Je **les** **leur** explique.
c.o.d. c.o.i.

Tu ne prêteras pas ta valise à Sophie ce soir.
c.o.d. c.o.i.

→ Tu ne **la** **lui** prêteras pas ce soir.
c.o.d. c.o.i.

### 9.3.3 단순도치 의문문

Donnez-vous les roses blanches à vos parents ?
c.o.d. c.o.i.

→ **Les** **leur** donnez-vous ? (c.o.d. + c.o.i. + 동사 + 주어 ?)
c.o.d. c.o.i.

Veux-tu me vendre ta bicyclette ?
c.o.i. c.o.d.

→ Veux-tu **me** **la** vendre ? (준조동사 + 주어 + 1·2인칭 + 3인칭 + 동사 ?)
c.o.i. c.o.d.

### 9.3.4 보어인칭대명사와 중성대명사가 함께 있는 문장 : 주어 + 보어인칭대명사 + 중성대명사 y / en + 동사

Je vous emmène à l'école.
c.o.d. 중성대명사 y

→ Je **vous** **y** emmène.
c.o.d. 중성대명사 y

Je ne leur parle pas de cet accident.
c.o.i. 중성대명사 en

→ Je ne **leur** **en** parle pas.
c.o.i. 중성대명사 en

### 9.3.5 준조동사가 사용된 문장 : 주어 + 준조동사 + 인칭대명사 + 중성대명사 + 동사

Je veux voir le film.
c.o.d.

→ Je veux **le** voir.
c.o.d.

Je ne peux pas te montrer les photos.
c.o.i. c.o.d.

→ Je ne peux pas **te** **les** montrer.
c.o.i. c.o.d.

주 의

· parler de, avoir besoin de, avoir peur de, être fier de, s'occuper de, se souvenir de, se moquer de 다음에
사람이 오면 **de + 강세형인칭대명사로,**
Tu parles de Gérard ? — Oui, je parle **de lui**.
de + 사람 / de + 강세형 인칭대명사

사물이 오면 **중성대명사 en으로** 바뀐다.
Tu parles de ce problème ? — Oui, j'**en** parle.
de + 사물 / 중성대명사 en

### 9.3.6 명령문에서

■ 긍정명령문 : **명령법 + c.o.d. + c.o.i. + y + en**

Donne-moi ce paquet.
c.o.i. / c.o.d.

→ Donne-**le**-**moi**.
c.o.d. c.o.i.

Mettez des légumes sur la table.
중성대명사 en / 중성대명사 y

→ Mettez-**y**-**en**.

Prêtez-moi des assiettes.
c.o.i. / 중성대명사 en

→ Prêtez-**m'en**.

주 의

· 긍정명령문에서
중성대명사 **y**와 **en** 앞에서 **moi**는 **m'**로 변한다.
**me**는 **moi**로, **te**는 **toi**로 변한다.

■ 부정명령문 : **Ne + 인칭대명사 + 중성대명사 + 명령법 + pas**

Donne-le-moi !
c.o.d. c.o.i

→ Ne **me** **le** donne pas !
c.o.i. c.o.d.

Donne-le-lui !
c.o.d. c.o.i

→ Ne **le** **lui** donne pas !
c.o.d. c.o.i.

Emmène-les à l'école !
c.o.d. 중성대명사 y

→ Ne **les** **y** emmène pas !
c.o.d. 중성대명사 y

Ne demandez pas l'invitation à Luc.
c.o.d. c.o.i.

→ Ne **la** **lui** demandez pas.
c.o.d. c.o.i.

 주의

- **penser à, tenir à, s'intéresser à, participer à** 등 다음에
  **사람이 오면 à + 강세형 인칭대명사로,**
  Je pense à Gérard. → Je pense **à lui**.
  à + 사람 à + 강세형 인칭대명사

  **사물이 오면 중성대명사 y로** 바뀐다.
  Je pense à ton invitation. → J'**y** pense.
  à + 사물 중성대명사 y

- **répondre à, aller à** 등 다음에
  **사람이 오면 간접목적보어 인칭대명사로,**
  Vous répondez à Lucien ? — Oui, je **lui** réponds.
  à + 사람 간접목적보어 인칭대명사

  **사물이 오면 중성대명사 y로** 바뀐다.
  Vous répondez à cette invitation ? — Oui, j'**y** réponds.
  à + 사물 중성대명사 y

〈 파리의 작은 공원 〉

# leçon 10

# 관계대명사

## le pronom relatif

# 관계대명사 le pronom relatif

## 10.1 형태

**10.1.1 관계대명사의 형태로는 단순형과 복합형이 있다.**

| 형태 \ 성 | 남 성 | | 여 성 | | 중 성 | | |
|---|---|---|---|---|---|---|---|
| 단 순 형 | qui,<br>dont, | que,<br>où | qui,<br>dont, | que,<br>où | quoi,<br>dont, | qui,<br>où | que, |
| 복 합 형 | lequel,<br>auquel,<br>duquel, | lesquels<br>auxquels<br>desquels | laquelle,<br>à laquelle,<br>de laquelle, | lesquelles<br>auxquelles<br>desquelles | | | |

**10.1.2 선행사는 명사(사람 · 사물)와 대명사이다.**

명사 : C'est le roman **que** je préfère.

대명사 : C'est ce **à quoi** je réfléchis.

## 10.2 용법

**10.2.1 qui : 선행사가 관계절 동사의 주어이다.**

Jeanne est ma cousine **qui** habite à Lyon.

Les gens redoutent le temps **qui** passe.

Où est celui **qui** vous cherche ?

Avant de signer, lisez bien ce **qui** est écrit sur le contrat.

### 10.2.2 que : 선행사는 관계절 동사의 직접목적보어이거나 속사이다.

Tu connais tous les produits **que** nous vendons.

J'ai vu hier l'acteur **que** nous avons aimé dans ce film.

C'est celle **que** je veux voir.

Il est d'accord avec ce **que** tu lui as dit.

 주의

- "종속접속사 que"와 "관계대명사 que"를 혼동하지 마시오.
  Il comprend **que** l'on parle de lui. (que = 종속접속사)

### 10.2.3 quoi : 선행사 rien / ce (= cela) / quelque chose + 전치사 + quoi

Retourner dans son pays, c'est ce **à quoi** il pense sans cesse.
(à quoi = il pense **à** cela sans cesse)

Réussir l'examen, c'est ce **à quoi** je suis prêt.
(à quoi = je suis prêt **à** réussir ...)

### 10.2.4 선행사 (사람 · 동물) + 전치사 + qui

L'homme **à qui** je pensais est déjà parti.

Où habite la personne **avec qui** j'ai fait ça ?

Il a revu celui **pour qui** il avait travaillé.

### 10.2.5 dont : 선행사 + dont (= de + 관계대명사 복합형)

Il va m'acheter ce cadeau. J'ai toujours rêvé **de** ce cadeau.
→ Il va m'acheter le cadeau **dont** j'ai toujours rêvé.
(dont은 동사 rêver의 목적보어 : rêver **de** ce cadeau)

Je présente un projet. Je suis très content **de** ce projet.
→ Je présente un projet **dont** je suis très content.
(dont은 형용사 content의 보어 : être content **de** ce projet)

Il mange un plat de poisson ; la recette **du** plat vient de Lyon.
→ Il mange un plat de poisson **dont** la recette vient de Lyon.
(dont은 명사 la recette의 보어 : la recette **de** ce plat de poisson)

**주의**

- 선행사가 "지시대명사 ce"일 때 **ce**는 **cela**를 의미한다.
  Tu aimes **ce qui** est cher.
  Prenez **ce que** vous voulez.
  J'ai un problème ; voici **ce dont** il s'agit.
  C'est exactement **ce dont** nous avons envie.

### 10.2.6 où : 선행사(장소·시간의 명사)+où (= à, dans+관계대명사 복합형)

장소·시간과 관련된 명사가 선행사인 관계부사이다.

장 소 : Je visite le quartier **où** il y a de nombreux cinémas.
Chez moi, j'ai une fenêtre **d'où** on voit la Seine.
On se retrouvera à 8 heures là **où** on s'est vus hier.
(où 앞에 전치사 de, par와 장소부사 là, partout가 놓이기도 한다.)

시 간 : Je me rappelle l'année **où** il s'est marié.
J'y suis allé la semaine **où** il y était.

### 10.2.7 관계대명사 복합형은 선행사의 성 · 수에 일치한다.

- 선행사의 애매함을 피하기 위해 **관계대명사 qui, que, 전치사+qui 대신에** 쓰인다.

Je connaissais fort bien **le fils** de sa voisine, **lequel** avait les mêmes goûts que moi.
(관계대명사가 lequel이므로 선행사는 le fils이나, 관계대명사가 laquelle이면 선행사는 sa voisine임)

- 선행사가 사물이며 **관계대명사가 전치사를 동반할 때,** 반드시 **관계대명사 복합형**이 쓰인다.

**선행사(사물) + 전치사 + 관계대명사 복합형**

Quel est le cadeau **auquel** tu as pensé ?
(auquel = tu as pensé à ce cadeau.)

Expliquez-lui la raison **pour laquelle** j'ai refusé.
(pour laquelle = j'ai refusé pour cette raison.)

Voilà l'ordinateur **sans lequel** je ne peux pas travailler.
(sans lequel = je ne peux pas travailler sans cet ordinateur.)

 명사의 보어로 **관계대명사 복합형**이 쓰인다.
**le long de, à partir de, au sujet de, en bas de, au milieu de ...**

Le supermarché **près duquel** j'habite est le Monoprix.
(duquel = j'habite près du supermarché)

Et ça, c'est le vieux moulin **en haut duquel** je monte souvent pour regarder la campagne. (duquel = en haut du vieux moulin)

주의

- 선행사가 사람일 경우 관계대명사로 **auquel**, **à laquelle** 등을 사용할 수도 있다.
  La femme **à laquelle** je pense ...
  La femme **à qui** je pense ...
- duquel은 전치사 de와 관련이 있으나, dont은 동사, 형용사, 명사와 관련이 있다.
  Le musée près **duquel** j'habite.
  à côté **duquel** j'habite ...
  en face **duquel** j'habite ...
  Le musée **dont** je parle
  **dont** je suis responsable
  **dont** je suis le directeur

## 10.3 관계대명사의 반복

### 10.3.1 관계절이 여럿이거나, 관계대명사의 기능이 바뀌거나, 관계절이 긴 경우 관계대명사가 반복된다.

Je vous conseille de lire ce livre **que** j'ai acheté la semaine dernière et **dont** j'aime beaucoup le sujet.
(que = j'ai acheté ce livre ;
dont = j'aime le sujet **de** ce livre)

### 10.3.2 관계절이 짧으며, 관계대명사의 기능이 같을 때 관계대명사를 반복하지 않는다.

Le paysan **qui** me servait de guide et ne me parlait guère me montra du doigt le village.
(= **qui** me servait de guide et
**qui** ne me parlait guère)

## Notre-Dame de Paris

Notre-Dame a été construite à la fin du XII$^{e}$ siècle, lorsque Paris est devenu la capitale de la France. C'était une époque où la foi religieuse était immense. La cathédrale était alors le bâtiment le plus important de la ville et tout le monde s'y réunissait régulièrement. Les sculptures qui la décorent ont été faites pour un public qui ne savait pas lire. Elles servaient donc d'enseignement, et on a souvent comparé l'église à un Livre de pierre. On a représenté des épisodes de la Bible, de la vie du Christ ou de la vie des saints. Par exemple, dans la croyance chrétienne, tous les hommes seront jugés à la fin des temps, c'est pourquoi on peut souvent voir, au-dessus de la porte centrale, une représentation du Jugement Dernier. Au centre et tout en haut, se tient le Christ. Tout en bas, les morts sortent de leurs tombeaux. Juste au-dessous du Christ, un ange pèse les âmes et sépare ainsi les bons des méchants. Les premiers iront au Paradis, les seconds en Enfer. Le Paradis est figuré à la droite du Christ, l'Enfer, où règne le Diable, à sa gauche. L'Enfer est, la plupart du temps, représenté par des flammes.

Louis Marchand & Georgette Marchand, *Le Premier livre de français*

〈 노트르담 대성당 정문 윗부분 〉

# leçon 11

# 부정형용사와 부정대명사

## l'adjectif et le pronom indéfini

# 부정형용사와 부정대명사
## l'adjectif et le pronom indéfini

## 11.1 부정형용사

부정형용사는 정확하지도 한정되지도 않은 명사를 항상 동반한다.

### 11.1.1 aucun, aucune, chaque : 단수형만 존재한다.

Il **n'**a **aucun** intérêt pour le rugby.

**Chaque** jour, elle va se promener.

주의

- **aucun(e)**은 부정문에서만 쓰이며 **pas**가 생략된다.
- aucun, aucune, chaque는 단수형 명사와 함께만 쓰인다.

### 11.1.2 divers, plusieurs, quelques, certain(e)s ~ d'autres : 항상 복수형으로 쓰인다.

Il a appelé **plusieurs** fois sa fille. (plusieurs = mainte)

Tu connais **divers** acreurs. (divers = plusieurs, quelques)

Il achète **quelques** cadeaux pour ses amis. (quelques = plusieurs, certains)

Dans **certaines** villes, il y a une salle de concert. Dans **d'autres**, il n'y a pas de salle.

### 11.1.3 autre(s), certain(e, s), tel(le, s), quelque, nul(le, s) : 명사의 성·수에 일치한다.

J'ai reçu **d'autres** documents.

**Certains** élèves arrivent en retard chaque matin.

Ses paroles ont une **telle** sincérité.

**Tel** jour à **telle** heure. (모일 모시에)

Est-ce qu'il neige **quelque part** ?
— Non, il **ne** neige **nulle part**. (quelque part의 부정은 nulle part임)

Où est le restaurant ?
— **Quelque** part dans le centre-ville.

 주의

· **nul(le)**은 부정문에서만 쓰이며 **pas**가 **생략**된다.

### 11.1.4 même(s)

명사 앞에서 : Ils prennent la **même** route. (= totalement semblable)

인칭대명사의 강조 : **Nous-mêmes**, nous avons ri. (= personnellement)

명사 뒤에서 : Il est venu le matin **même**. (= précisément)

추상명사 뒤에서 : Il est la prudence **même**. (= au plus haut point)
(그는 참으로 신중하다)

 주의

· **même**은 관사를 동반한 명사 앞에서 부사로 쓰인다.
Il chasse **même** les ours. (même = aussi)

### 11.1.5 n'importe quel / quelle / quels / quelles + 명사 (어떤 …이나)

Viens **n'importe quel** jour, **à n'importe quelle** heure.

## 11.2 부정대명사

### 11.2.1 부정대명사는 명사를 대신한다.

Est-ce que tu veux un de ces journaux ?
— Non, je **n'**en veux **aucun**. (aucun = aucun journal)

Est-ce que tu as écouté toutes les chansons de ce disque ?
— **Quelques-unes** seulement. (quelques-unes = quelques chansons)

### 11.2.2 on(l'on), plusieurs, rien, quelque chose, personne 등은 어형불변이다.

**On** a sommeil après minuit. (3인칭 단수 취급)

**On** est parti joyeux en promenade, mais l'orage nous a surpris.

**Plusieurs** me montrent de la sympathie. (3인칭 복수 취급)

Y a-t-il **quelqu'un** à la maison ? — Non, il **n'**y a **personne**.

Avez-vous **quelque chose** à dire ? — Non, je **n'**ai **rien** à dire.

**주의**

- **personne**와 **rien**은 항상 **ne**와 함께 부정문에서만 쓰이며, **pas**가 생략된다.
- **rien, personne, quelque chose, quelqu'un + de +** 형용사
  **Rien** de nouveau.
  Il n'y a **personne** d'aimable.
  Marie est **quelqu'un** d'intelligent.
- **personne, rien, plusieurs**는 주어로 쓰이기도 한다.
  **Personne ne** parle le polonais.
  **Rien n'**est impossible.
  **Plusieurs** sont scandinaves.

### 11.2.3 aucun(e), certain(e)s, d'autre(s), chacun(e), l'un(e), l'autre, les un(e)s, les autres, un(e) autre, quelqu'un(e), quelques-un(e)s, tel(le), le(la, les) même(s) 등, 남 · 여성, 단 · 복수, 중성이 있다.

J'attends mes amis, **aucun** ne vient. (aucun = aucun ami)

Elle aime ce chien, mais elle a peur **des autres**.
(les autres = les autres chiens)

**Certains** repartent ce soir, **d'autres** demain.

**Certaines** sont venues à pied.

Dans une vraie discussion, **chacun** peut donner son avis.

Voici deux sœurs : **l'une** ressemble beaucoup à **l'autre**.

Qui y va, Vanessa ou Jeanne ?
— **L'une et l'autre** y vont. (l'un(e) et l'autre = toutes les deux, les deux)

Voulez-vous cette bouteille ?
— Non, j'en veux **une autre**.

Il a des disques : **les uns** sont classiques, **les autres** sont modernes.

**Les unes** veulent jouer au tennis, **les autres** (veulent jouer) au basket.

Il y a **quelqu'un** qui vous demande au téléphone.

Comment sont ces films ?
— **Quelques-uns** sont bons, **d'autres** sont médiocres.

J'ai beaucoup d'amies, **quelques-unes** m'écrivent souvent.

**Tels** sont les résultats de ses efforts.

Je pars par le train de 20 heures, et toi ?
— Je prends **le même**.

 주 의

· **aucun, aucune, chacun, chacune**는 **3인칭 단수**로 취급한다.

### 11.2.4 l'un(e) l'autre, les un(e)s les autres, l'un(e)＋전치사＋l'autre : 상호적인 것을 의미하며, 상호성을 강조하기 위해 상호적 대명동사에서 주어의 보어로 쓰인다.

Ils se regardent **les uns les autres**.

Elles se donnent rendez-vous **les unes avec les autres.**

### 11.2.5 la plupart, la plupart des＋복수형 명사 : 3인칭 복수로 취급한다.

**La plupart des** fruits sont sucrés.

**La plupart** sont arrivés à 9 heures.

 주 의

· **la plupart du monde, la plupart du temps**은 **3인칭 단수**로 취급한다.
**La plupart du monde** suit ses passions.

### 11.2.6 n'importe qui, n'importe quoi, n'importe lequel / laquelle / lesquel(le)s

Il parle **à n'importe qui**, et toujours pour dire **n'importe quoi** !

Qu'est-ce que tu veux comme pantalon ? Le vert ou le bleu ?
— **N'importe lequel** !

## La disparition de Meaulnes

*Augustin Meaulnes est l'élève d'un instituteur de campagne, M. Seurel. Un jour d'hiver, il quitte la classe et part sans rien dire ; c'est le fils de M. Seurel, un camarade et ami de Meaulnes qui raconte l'histoire.*

À 2 heures de l'après-midi, le lendemain, la classe du Cours Supérieur est claire, au milieu du paysage gelé.

On a distribué, car la fin de l'année approche, les cahiers de composition ; et pendant que M. Seurel écrit au tableau le texte des problèmes, un silence s'établit, mêlé de conversations à voix basse...

Seul, au milieu de cette agitation, je me tais ; assis au bout d'une des tables, près des grandes vitres, je n'ai qu'à me redresser un peu pour apercevoir le jardin, le ruisseau dans le bas, puis les champs. De temps à autre, je me soulève sur la pointe des pieds et je regarde du côté de la ferme de la Belle-Etoile.

Dès le début de la classe, je me suis aperçu que Meaulnes n'était pas rentré après la récréation de midi ; son voisin de table a bien dû s'en apercevoir aussi, il n'a rien dit encore, occupé par sa composition. Mais dès qu'il aura levé la tête, la nouvelle courra par toute la classe et quelqu'un ne manquera pas de crier à haute voix :

« Monsieur... Meaulnes... »

Je sais que Meaulnes est parti ; aussitôt après le déjeuner, il a dû sauter le petit mur et courir à travers champs, il aura demandé la jument. Rien ne bouge encore dans ce clair paysage d'hiver. Rien n'est changé encore.

Alain Fournier, *Le Grand Meaulnes*

# leçon 12

# 부 사

## l'adverbe

# 부 사 l'adverbe

부사나 부사구는 형용사·부사·동사·문장을 수식하여 그것들을 강조하거나 그것들에게 특별한 뉘앙스를 부여하여, 긍정·부정·시간·장소·수량·양태·의혹을 나타내며, 어형불변이다. 몇몇 부사는 상황보어와 같은 역할을 한다.

- Ludovic est **très** curieux.
- Il connaît **fort** bien cette question.
- Il t'indiquera **certainement** des livres à lire.
- **Certes**, je pense comme vous.
- Ils se déplacent **lentement**. (= avec lenteur)

## 12.1 긍정부사

### 12.1.1 긍정을 나타내거나 강조하거나 완곡하게 표현할 때 : oui, certes, évidemment, volontiers, précisément, bien 등

**Oui**, je le sais.

Vous voulez encore du café ? — **Volontiers.**

**Assurément**, il viendra.

**Peut-être** se décidera-t-elle.

### 12.1.2 부정의문문에 대한 긍정 대답 : si

N'as-tu **pas** compris ? — **Si**, j'ai compris.

## 12.2 수량부사

| | | | |
|---|---|---|---|
| assez | si | presque | aussi |
| autant | tant | à peine | plus |
| beaucoup | trop | en partie | moins |
| peu | très | environ | de plus en plus |
| un peu | tout à fait | à moitié | de moins en moins |

### 12.2.1 수량부사(un peu, assez, trop, beaucoup) + de + 무관사 명사(보통명사의 복수형이나 추상 · 물질 명사의 단수형)

Avez-vous **trop de** vin ?

Il y a **beaucoup de** candidats.

### 12.2.2 수량부사(un peu, assez, trop, très)가 형용사 앞에 오면 형용사를 강조한다.

Il est **très** célèbre.

C'est **un peu** compliqué.

Elle est **trop** gentille.

Ce dessin est **assez** joli.

### 12.2.3 몇몇 수량부사는 비교를 나타낸다.

Il est **aussi** grand que son père.

Cet hôtel a **moins de** chambres que l'autre.

## 12.3 시간부사

| 의 미 | 시간부사 |
|---|---|
| 날짜나 순간 | hier, aujourd'hui, demain, avant-hier, après-demain, le lendemain, déjà, autrefois, désormais, maintenant, à présent, alors, aussitôt, tôt, tard, encore, jadis. |
| 반 복 | souvent, fréquemment, de nouveau, quelquefois. |
| 기 간 | toujours, longtemps, pendant. |
| 순 서 | avant, après, d'abord, puis, ensuite, enfin. |

- **Maintenant** aucun doute.
- Il faut la faire baisser **tout de suite**.
- Tu reprends **bientôt** toutes tes activités ?

- 시간부사 중 몇몇은 비교급과 최상급을 취할 수도 있다.
  très **souvent**,　　le plus **souvent**
- 부사와 전치사를 혼동하지 마시오.
  Cela s'est passé **avant**. (부사)
  Cela s'est passé **avant** le dîner. (전치사)

## 의혹의 부사

peut-être, probablement, vraisemblablement, apparemment, sans doute를 사용하여 **불확실한 상황**을 표현하거나, **완곡한 표현**을 강조한다.

- Va-t-il le faire ? — **Peut-être**.
- Elle le lui dira **probablement**.
- Il veut **sans doute** vous voir.

- **peut-être, aussi, sans doute**는 동사나 조동사 뒤에 놓이기도 하나, 문어체에서 문장 앞에 오면 주어와 동사가 도치된다.
  Mais **peut-être** aurais-tu fait la même chose.
  **Sans doute** le voudra-t-il.

## 12.5 장소부사

| | | | |
|---|---|---|---|
| ici<br>là<br>là-bas<br>ailleurs<br>partout | à droite<br>à gauche<br>en haut<br>en bas | près<br>loin<br>dessus<br>dessous | dehors<br>dedans<br>devant<br>derrière<br>où<br>par là |

- **Dehors**, il fait très chaud.
- Dans la voiture, j'étais assis **derrière.**

où : 장소부사와 관계부사

- 장소부사 où
  Est-ce que tu es allé te promener **où** tu habitais avant ?
  (네가 그전에 살던 곳으로 너, 산책 갔었니 ?)
- 관계부사 où
  Le restaurant **où** nous avons mangé à midi ...
  (Le restaurant dans lequel nous avons mangé à midi ...)
  Le moment **où** tu es arrivé ...
  (Quand tu es arrivé ...)

## 12.6 양태부사

### 12.6.1 대부분의 양태부사는 접미사가 _ment 형태이다.

Il n'y a **vraiment** pas de quoi se vanter.

Il s'agit **seulement** de condamner toute cruauté.

### 12.6.2 양태부사 만드는 방법

■ 형용사의 여성형 + 접미사 ment

certain → certaine → certaine**ment**
doux → douce → douce**ment**
sec → sèche → sèche**ment**

예외
- **aveugle, conforme, uniforme, commode**는 **_ément**을 붙인다.
  aveugle → aveugl**ément**, conforme → conform**ément**
  énorme → énorm**ément**

■ 형용사의 남성형 어미가 **i, ai, é, u**인 경우 접미사 **_ment**만 붙인다.

poli → poli**ment**
vrai → vrai**ment**
aisé → aisé**ment**
absolu → absolu**ment**

예외
- gai → gai**ement**

■ _ant, _ent → _amment, _emment

suffis**ant** → suffis**amment** [syfiz**amã**]
bruy**ant** → bruy**amment**
différ**ent** → différ**emment** [difer**amã**]
réc**ent** → réc**emment**

■ 특수형

assidu → assid**ûment**
bref → bri**èvement**
gentil → genti**ment**
profond → profond**ément**
précis → précis**ément**

## 12.7 부사구

### 12.7.1 전치사 + 형용사

| | |
|---|---|
| en général | 일반적으로 |
| à la française | 프랑스식으로 |

### 12.7.2 형용사 + 명사

| | |
|---|---|
| autre part | 다른 곳에 |
| tout à coup | 갑자기 |
| tout d'un coup | 단번에 |

### 12.7.3 전치사 + (무관사)명사

#### ■ à + 명사

| | |
|---|---|
| à pied | 걸어서 |
| à la légère (= légèrement) | 가볍게 |
| à la lettre (= littéralement) | 글자 그대로 |

#### ■ en + 명사

| | |
|---|---|
| en héros (= héroïquement) | 용감하게 |
| en personne (= personnellement) | 개인적으로 |
| en toute franchise (= bien franchement) | 매우 솔직히 |

#### ■ par + 명사

| | |
|---|---|
| par hasard (= fortuitement) | 우연히 |
| par bonheur (= heureusement) | 행복하게 |
| par miracle (= miraculeusement) | 기적적으로 |

#### ■ sans + 명사

| | |
|---|---|
| sans cesse (= continuellement) | 끊임없이 |
| sans mesure (= démesurément) | 터무니없이 |

■ **avec + 명사**

avec joie (= joyeusement) 기쁘게
avec ardeur (= ardemment) 열심히
avec franchise (= franchement) 솔직히
avec courage (= courageusement) 용감하게

### 12.7.4 전치사 + 명사 + 형용사

répondre d'un ton sec (= sèchement) 퉁명스레
marcher d'un pas rapide (= rapidement) 빠른 걸음으로
dormir d'un profond sommeil (= profondément) 깊이
parler de(d'une) façon brutale (= brutalement) 노골적으로
expliquer de(d'une) manière générale (= généralement) 일반적으로

 주의

• "전치사 + 명사"의 부사구와 _ment형태의 부사 사이에 의미의 차이가 있을 수도 있다.
combattre **en héros** 용사답게 싸우다
combattre **héroïquement** 용감하게 싸우다

## 12.8 부사의 위치

### 12.8.1 일반적으로 형용사, 부사, 과거 · 현재분사 앞에 놓인다.

Ils sont **très** contents.
**Beaucoup** mieux que ça.
Ce musée est **vraiment** magnifique.

### 12.8.2 문장 맨 앞이나 뒤에 오는 부사도 있다.

Elle part **demain**.
**Heureusement**, il reviendra.

### 12.8.3 동사를 수식할 경우 동사 뒤에 놓인다.

Venez **vite**.

Je dansais **bien**.

Elle mange **trop vite**.

### 12.8.4 양이나 질을 나타내는 부사는 복합시제나 준조동사를 사용할 경우 두 동사 사이에 놓인다.

| | | | | | |
|---|---|---|---|---|---|
| J'ai | | mangé. | Je vais | | manger. |
| Tu as | **bien** | dansé. | Tu aimes | **bien** | danser. |
| Elle a | | chanté. | Il sait | | chanter. |

### 12.8.5 시간이나 장소의 부사 그리고 대부분 _ment 형태의 부사는 부정법(동사원형) 뒤에 놓인다.

Nous pensons dîner **tôt**.

Tu vas déjeuner **dehors** ?

Il faut conduire **lentement**.

# Il est trop tard

Georges Moustaki

# leçon 13

# 전치사

## la préposition

# 전치사 la préposition

전치사와 전치사구는 명사, 부사, 대명사, 부정법, 제롱디프를 다른 단어와 연결시킨다. 전치사의 용법에 따른 의미를 반드시 사전에서 찾아 숙지해야 한다.

- 명사와 함께 : Il se couche **sur** son lit.
- 부사와 함께 : les inventions **de** demain.
- 대명사와 함께 : Viens **avec** nous.
- 부정법과 함께 : On travaille **pour** réussir.

## 13.1 형태

| | |
|---|---|
| 한 단어 형태 | à, après, avant, avec, chez, contre, de, depuis, derrière, dès, devant, en, entre, envers, outre, par, parmi, pendant, pour, près, sans, sous, sur, vers 등 |
| 분사나 형용사로 부터의 전환전치사 | attendu, concernant, durant, excepté, moyennant, passé, plein, suivant, supposé, touchant, vu 등 |
| 전치사구 | à cause de, à côté de, afin de, à force de, à travers, au-dessus de, au milieu de, d'après, de façon à, en dépit de, faute de, grâce à, jusqu'à, loin de, par rapport à, vis-à-vis de 등 |

## 13.2 용법

### 13.2.1 동사의 보어 유도

Il va **à** Paris.

Je parle **de** mes vacances.

Le chat entre **par** la fenêtre.

Je cours **dans** les couloirs du métro.

L'Australie est **loin de** la France.

### 13.2.2 명사의 보어 유도

un verre **à** vin (à = 용도 un verre pour le vin)

un service **à** thé (à = 티 세트 한 벌 ; à café, à gâteaux ...)

le voyage **en** train (en = 수단)

le lavabo **en** faïence (en = 재료)

deux fois **par** semaine (par = 배분)

une table **pour** écrire (pour = 용도)

l'avion **pour** New York (pour = 행선지)

un manteau **sans** boutons

### 13.2.3 전치사 + 기간

■ **depuis** + 기간 : 현재까지 지속적인 기간

Je suis professeur **depuis** 1983.

Je travaille **depuis** 3 jours.

Je ne t'ai pas vu **depuis** 2 ans.

■ **pendant** + 기간 : 과거시제에서 끝났거나 한정적인 기간

J'ai dansé **pendant** 2 heures.

J'ai été cuisinier **pendant** 4 ans.

■ **il y a + 기간** : 과거에서의 기간 (~ 전에)

Je t'ai vu **il y a** 2 ans.

Je suis arrivé **il y a** une semaine.

■ **dans + 기간** : 미래에서의 기간 (~ 후에)

Je reviendrai **dans** 2 heures.

Je partirai **dans** 10 minutes.

■ **en + 기간** : 짧은 기간

Je fais le ménage **en** 10 minutes.

J'ai fait le voyage **en** 8 jours.

Je ferai tout **en** 5 heures.

■ 그 밖에 **à partir de, jusqu'à, avant, pour** 등 전치사구 또는 전치사 + 기간

Je dois travailler **à partir de** demain.

Je l'attends **jusqu'à** midi.

Il faut descendre **avant** midi.

J'ai loué un appartement **pour** 6 mois.

### 13.2.4 전치사 + 국가명

■ **en + 여성 국가명이나 모음으로 시작하는 남성 국가명**

| | |
|---|---|
| la Corée | J'habite **en** Corée. |
| la Belgique | J'habite **en** Belgique. |
| l'Iran | J'habite **en** Iran. (**en** Irak, **en** Israël) |

■ **au + 남성 국가명**

| | |
|---|---|
| le Canada | J'habite **au** Canada. |
| le Mexique | J'habite **au** Mexique. (**au** Cambodge, **au** Mozambique) |
| le Japon | J'habite **au** Japon. |

■ **aux + 복수형 국가명**

| | |
|---|---|
| les Antilles | J'habite **aux** Antilles. |
| les États-Unis | J'habite **aux** États-Unis. |
| les Philippines | J'habite **aux** Philippines. |

■ **à + 도시명**

J'habite **à** Paris (**à** Séoul, **à** Moscou).

### 13.2.5 전치사 + 교통 · 우편 수단

Je vais à Marseille **en** train (**en** voiture, **en** avion, **en** bateau).
Je vais au parc **à** pied (**à** vélo, **à** cheval, **à** moto).
J'envoie le paquet **par** avion (**par** bateau : 비행기편, 배편).

## 13.3 동사 + 전치사

### 13.3.1 타동사 + q.c. / q.n. / inf.

aimer q.c. / q.n. / inf.
vouloir q.c. / q.n. / inf.
adorer q.c. / q.n. / inf.
désirer q.c. / q.n. / inf.
espérer q.c. / inf.
détester q.c. / q.n. / inf.

Elle sait **dessiner**.
Elle interroge **ses collègues**.

### 13.3.2 타동사 + q.c. + 전치사 + inf.

■ **à + inf.**

apprendre (**à** q.n.) q.c. / **à** + inf.
commencer q.c. / **à** + inf.
chercher q.c. / q.n. / **à** + inf.
enseigner (**à** q.n.) q.c. / **à** + inf.

Elle **s'amuse à** dessiner.
Elle **continue à** parler de son travail.

■ de + inf.

conseiller (**à** q.n.) q.c. / **de** + inf.
dire (**à** q.n.) q.c. / **de** + inf.
reprocher (**à** q.n.) q.c. / **de** + inf.
demander (**à** q.n.) q.c. / **de** + inf.
essayer q.c. / **de** + inf.
finir q.c. / **de** + inf.
cesser q.c. / **de** + inf.
éviter q.c. / q.n. / **de** + inf.

Il **cesse de** pleurer.
Je lui **promets d'**aller chez Marie.

### 13.3.3 타동사 + 전치사 + q.c. / inf.

■ à q.c. / inf.

consentir **à** q.c. / inf.
penser **à** q.c. / q.n ./ inf.
se résigner **à** q.c. / inf.
s'attendre **à** q.c. / inf.
avoir tendance **à** q.c. / inf.
tenir **à** q.c. / inf.
réussir **à** q.c. / inf.
renoncer **à** q.c. / q.n. / inf.
se mettre **à** q.c. / inf.

Tu **manques à** ta promesse.
Elle **s'intéresse à** son travail.

■ de q.c. / q.n. / inf.

décider **de** q.c. / inf.
rêver **de** q.c. / q.n. / inf.
se rendre compte **de** q.c. / inf.
avoir besoin (honte, horreur, peur) **de** q.c. / q.n. / inf.
se passer **de** q.c. / q.n. / inf.
se souvenir **de** q.c. / q.n. / inf.

Elle **s'occupe des** enfants.
Je **jouis de** toute la liberté.

### 13.3.4 동사+전치사+q.c. / q.n.

appartenir **à** q.c. / q.n.
dépendre **de** q.c. / q.n.
avoir confiance **en** q.c. / q.n.
compter **sur** q.c. / q.n.
lutter **contre** q.c. / q.n.
se passionner **pour** q.c. / q.n.
commencer **par** q.c. / q.n.

frapper **à** q.c.
se servir **de** q.c. / q.n.
consister **en** q.c.
donner **sur** q.c.
rompre **avec** q.c. / q.n.
se renseigner **sur** q.c. / q.n.
finir **par** q.c. / q.n.

Il **s'appuie sur** sa femme.
Je vous **remercie pour** votre réponse favorable.

 주의

· 동사원형이 주어로 쓰일 경우, 전치사가 동사 앞에 오지 않는다.
**Marcher, courir, bouger** est bon pour la santé.

## 13.4 형용사 + 전치사 + 보어

Il a les qualités nécessaires **à** (**pour**) cet emploi.
(prêt à, habitué à ~)

Elle est fière **de** son fils.
(être fier de, content de, sûr de, responsable de, satisfait de ~)

Il est très fort **en** mathématiques.

Tu es gentil **avec** tes copains.

Son travail est difficilement compatible **avec** la vie de famille.

# « Le Radeau de la Méduse »

Le peintre français Géricault a vécu au début du XIX$^{e}$ siècle et il est mort jeune, en 1824, à l'âge de 36 ans.

Son premier grand tableau s'appelle « Le Radeau de Méduse ». On peut le voir au Louvre. Il représente un groupe de personnages seuls sur un radeau — c'est à dire un bateau fait de quelques planches — au milieu de l'Océan.

Le tableau se trouve partagé en deux parties presque égales par la ligne droite du mât. À gauche, du côté de l'ombre, Géricault a placé les morts et les mourants. Un homme tient tristement contre lui le corps étendu de son fils. De gros nuages sombres couvrent le ciel et la mer semble prêt à recouvrir le radeau. À droite, au contraire, on voit la pyramide des vivants. Tout en haut, l'un d'eux, monté sur les épaules de ses compagnons, agite une étoffe blanche. Le ciel est plus clair et, au loin, vers la lumière, on aperçois la voile d'un bateau.

« La Méduse » est le nom d'un bateau qui a coulé près des côtes d'Afrique en 1816. Il y a eu seulement quelques survivants.

Le tableau de Géricault représente à la fois ce fait historique et une interrogation sur la vie et la mort.

Louis Marchand & Georgette Marchand, *Le Premier livre de français*

# leçon 14

# TOUT

# TOUT

tout는 형용사, 대명사, 부사, 명사로 쓰이며, 부정형용사와 부정대명사 tout는 한정되는 명사의 성 · 수에 일치한다.

## 14.1 형태

| 수 \ 성 | 남 성 | 여 성 |
|---|---|---|
| 단 수 | tout | toute |
| 복 수 | tous | toutes |

## 14.2 용법

### 14.2.1 품질형용사

■ **tout entier** (모든, 온, 전)

**Toute** la famille est réunie.

A qui sont **tous** ces livres ?

■ **tout(e) + 무관사 명사 : chaque, n'importe quel + 명사, n'importe lequel**

J'ai **toute** liberté. (나는 완전히 자유롭다.)

Il lui téléphone à **toute** heure. (à toute heure = 언제나)

Est-ce que **tout** compositeur de musique est riche ?

### 14.2.2 부정형용사

■ **tous / toutes + 정관사 les + 시간의 복수형 명사 : chaque**

**tous** les jours (매일), **tous** les trois jours (사흘마다)

Il me rend visite **tous** les deux mois. (두 달마다)

■ 예외없이 전부

**Toutes** les portes sont fermées.

### 14.2.3 부정대명사

■ **tout le monde, toutes les personnnes, toutes les choses**

Elles sont **toutes** sympatiques.

Aucun n'est parti ?
— Si, **tous** sont partis.

Tous les magasins ouvrent la semaine ; **tous** ferment le dimanche.

■ 중성대명사 **tout : toutes les choses**

**Tout** va bien.

Je comprends **tout**.

Tu peux faire **tout** ce que tu veux.

주 의

- Merci à **tous**. (= toutes les personnes)
- Merci pour **tout**. (= toutes les choses)

■ **n'importe qui, n'importe quoi** (누구나, 무엇이든지)

Dans la chambre, les murs, le plafond, les rideaux sont bleus : dans ma chambre, **tout** est bleu.

**Tout** arrive à qui sait attendre.

주 의

- 부정대명사 남성복수형 **tous**의 발음은 **[tus]**이다.
- 부정형용사 남성복수형 **tous**의 발음은 **[tu]**이다.

### 14.2.4 부사

■ **tout à fait, bien, si, très**의 뜻을 지닌다.

■ 명사, 형용사, 부사, 제롱디프, 과거분사를 수식하며 강조한다.

| | | |
|---|---|---|
| 명사 앞에서 | : | un tissu **tout** laine |
| 형용사 앞에서 | : | Elle est **tout** étonnée. |
| 부사 앞에서 | : | Il marche **tout** doucement. |
| 제롱디프 앞에서 | : | **tout** en dormant |
| 과거분사 앞에서 | : | Quelle pluie ! ... je suis **tout** trempé. |

 주의

- 원칙적으로 **부사 tout**는 불변이나, 자음이나 유성 h로 시작하는 여성형 형용사 앞에서 형용사의 성·수에 일치한다.

  모음으로 시작하는 여성 형용사 : La nuit est **tout** étoilée.
  자음으로 시작하는 여성 형용사 : des fleurs **toutes** blanches.
  유성 h로 시작하는 여성 형용사 : Elle était **toute** honteuse.

### 14.2.5 명사

■ 남성 명사이므로 정관사 **le**가 **tout** 앞에 온다.

■ **la totalité, l'ensemble** (전부)의 의미를 갖는다.

Donnez-moi **le tout**.

### 14.2.6 관용구에서의 tout

| | | |
|---|---|---|
| après tout, | avant tout, | tout à coup, |
| pas du tout, | en tout cas, | tout à fait, |
| rien du tout, | tout d'un coup, | tout autour, |
| tout au plus, | voilà tout | |

# 동 사

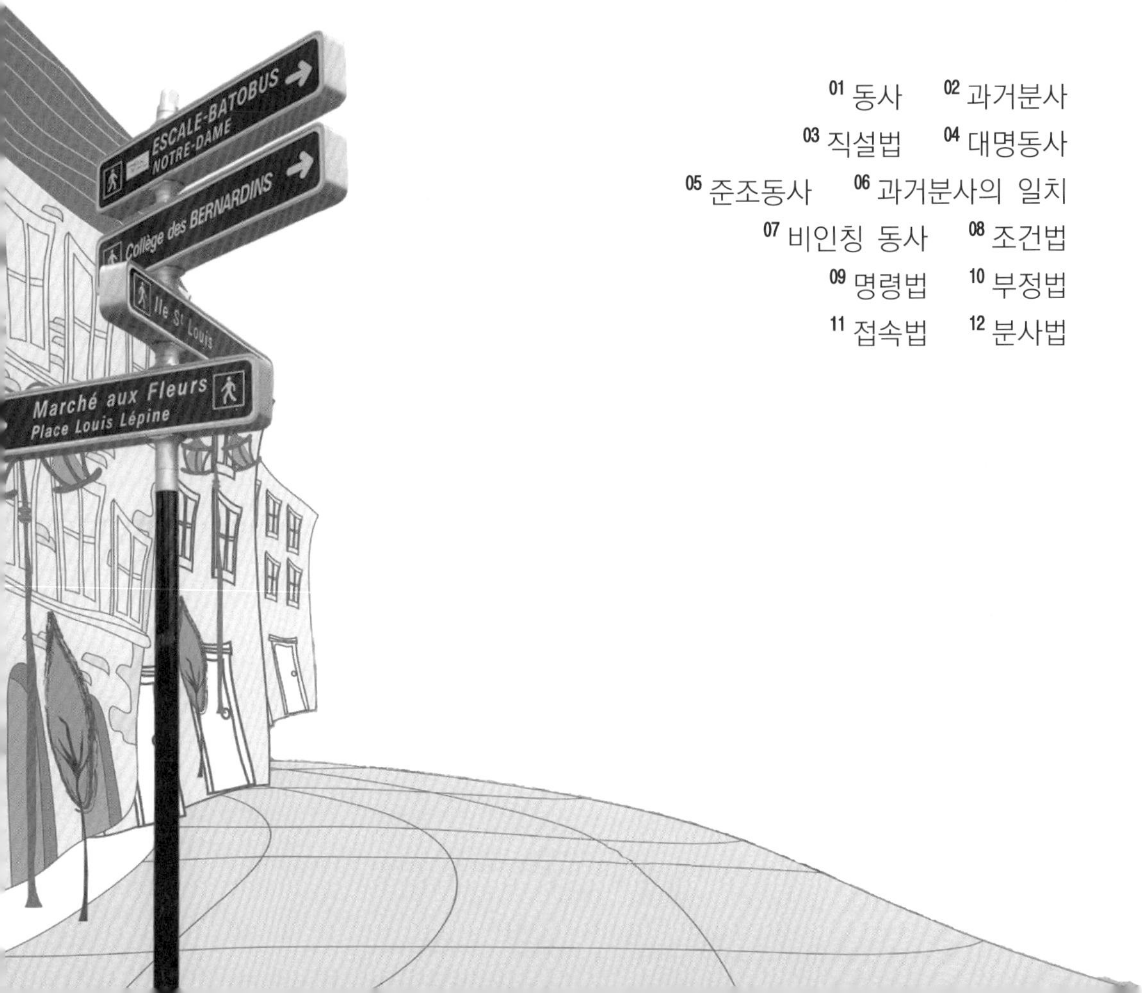

# leçon 01

# 동 사

## le verbe

# 동 사 le verbe

- 동사에는 시제 · 법 · 태가 있다.
- 동사는 행위나 상태를 나타내는 술어이다.
- 동사는 주어의 인칭과 수 그리고 시제에 따라 어미변화를 한다.

동사의 시제와 법 (예 : dire 동사)

| 법 | 단순시제 | | 복합시제 (조동사 + p.p.) | |
|---|---|---|---|---|
| 부정법 | 현재 | dire | 과거 | avoir dit |
| 직설법 | 현재<br>반과거<br>단순과거<br>단순미래 | je dis<br>je disais<br>je dis<br>je dirai | 복합과거<br>대과거<br>전과거<br>전미래 | j'ai dit<br>j'avais dit<br>j'eus dit<br>j'aurai dit |
| 조건법 | 현재 | je dirais | 과거 제1형<br>과거 제2형 | j'aurais dit<br>j'eusse dit |
| 접속법 | 현재<br>반과거 | que je dise<br>que je disse | 과거<br>대과거 | que j'aie dit<br>que j'eusse dit |
| 명령법 | 현재 | dis<br>disons<br>dites | 과거 | aie dit<br>ayons dit<br>ayez dit |
| 분사법 | 현재 | disant | 과거 | ayant dit |

## 1.1 동사의 유형

프랑스어의 동사군은 동사원형(부정법)의 어미에 따라 3군으로 구분된다.

■ **1군 동사**

_er가 어미인 규칙동사군

■ **2군 동사**

_ir가 어미인 규칙동사군

■ **3군 동사**

_ir, _re, _oir, _er(aller)가 어미인 불규칙동사군

## 1.2 동사의 특징

### 1.2.1 동사구 : 명사나 형용사를 동반한 동사에 의해 이루어진 성구

**avoir envie (chaud, peur, faim, sommeil), avoir l'air,**
**faire peur, faire signe, faire mal, faire allusion,**
**rendre compte, rendre justice, rendre service, il y a** 등.

Vous **avez l'air** heureux.

Ce chien noir **fait peur** aux enfants.

Elle nous a **fait signe** d'avancer plus vite.

### 1.2.2 한 동사가 직접 · 간접타동사일 수도 있다.

Il **manque** la vie. (직접타동사 : 그는 인생을 망치고 있다.)

Il **manque** à sa parole. (간접타동사 : 그는 약속을 어기고 있다.)

### 1.2.3 자동사 sortir, rentrer, passer, descendre, monter, retourner에 직접목적보어가 오면 타동사로 사용된다.

Il **est** déjà **descendu** à la cave.
(descendre 동사가 자동사이므로 조동사 être를 취한다 : 내려가다)

Il **a** **descendu** les bagages.
c.o.d.

(descendre 동사 다음에 직접목적보어가 왔으므로 타동사이다.
따라서 조동사 avoir를 취한다 : ~을 내려놓다)

**주의**

- 다음 동사들은 직접목적보어를 취하나 우리말로 옮길 경우 간접목적보어를 취한다.

**atteindre, remercier, saluer, prier, supplier, interroger, avertir, informer, prévenir.**

Je **remercie** Pierre pour son aide
c.o.d

(나는 피에르에게 그의 도움에 감사한다.)

〈 파리의 스트라빈스키 분수 〉

// 프랑스어문법 //

# leçon 02

# 과거분사

## le participe passé

# 과거분사 le participe passé

## 2.1 형태

| 동사군 | 과거분사의 어미 | 예 | | |
|---|---|---|---|---|
| 1군 동사 _er | _é | étudi**er** | → | étudi**é** |
| 2군 동사 _ir | _i | bât**ir** | → | bât**i** |
| 3군 동사 _ir | _i | sort**ir** | → | sort**i** |
| _oir | _u | v**oir** | → | v**u** |
| _re | _s, _t, _u | prend**re** | → | pri**s** |
| | | di**re** | → | di**t** |
| | | rend**re** | → | rend**u** |

■ 특수한 과거분사

| | | | | | | | | |
|---|---|---|---|---|---|---|---|---|
| avoir | → | eu [y] | être | → | été | connaître | → | connu |
| lire | → | lu | écrire | → | écrit | vivre | → | vécu |
| dire | → | dit | faire | → | fait | mettre | → | mis |
| ouvrir | → | ouvert | naître | → | né | mourir | → | mort |
| apprendre | → | appris | savoir | → | su | devoir | → | dû |
| recevoir | → | reçu | pleuvoir | → | plu | pouvoir | → | pu |

## 2.2 용법

■ 복합시제에서

조동사 avoir / être + **p.p.**

■ 수동태에서

être + **p.p.** + de / par

■ 형용사적 용법

un enfant **aimé**

# leçon 03

# 직설법

## l'indicatif

3.1 현재 3.2 복합과거
3.3 반과거 3.4 대과거
3.5 단순과거 3.6 전과거
3.7 단순미래 3.8 전미래

# 직설법 l'indicatif

## 3.1 현재 Présent

### 3.1.1 형태

| 1군 동사 habiter | | 2군 동사 finir | | 3군 동사 faire | |
|---|---|---|---|---|---|
| j' | habite [ə] | je | finis [i] | je | **fais** de l'exercice |
| tu | habi**tes** [ə] | tu | fin**is** [i] | tu | **fais** de l'exercice |
| il/elle | habite [ə] | il/elle | fin**it** [i] | il/elle | **fait** de l'exercice |
| nous | habit**ons** [ɔ̃] | nous | fin**issons** [isɔ̃] | nous | **faisons** de l'exercice |
| vous | habit**ez** [e] | vous | fin**issez** [ise] | vous | **faites** de l'exercice |
| ils/elles | habit**ent** [ə] | ils/elles | fin**issent** [is] | ils/elles | **font** de l'exercice |

주 의

- faisons의 발음은 [fɛzɔ̃]이 아니라 [fəzɔ̃]이다.
- nager [naʒe] : nous nagons [nagɔ̃] → nous nageons [naʒɔ̃]
- placer [plase] : nous placons [plakɔ̃] → nous plaçons [plasɔ̃]

### 3.1.2 용법

■ 현재 진행의 사실

Qu'est-ce que tu **fais** ? — Je **réfléchis** ! (faire, réfléchir)

■ 과거에서부터 현재까지 계속되고 있는 사실

J'**apprends** le français depuis six ans. (apprendre)

■ 가까운 미래나 과거

Demain, je **commence** un régime ! (commencer)

■ 과거 시제 대신에 사실적 장면을 생생하게 전달하기 위해

Un jour, Jeanne d'Arc **entend** des voix surnaturelles. (entendre)

■ 불변의 사실

La pollution **menace** les forêts. (menacer)

■ 습관적이나 반복적 행위

Ils **vont** souvent au cinéma. (aller)

## 3.2 복합과거 Passé composé

### 3.2.1 형태

조동사 **avoir**나 **être**의 직설법 현재 + 과거분사

| **choisir** 동사 | | | **arriver** 동사 | | |
|---|---|---|---|---|---|
| j' | **ai** | **choisi** | je | **suis** | **arrivé(e)** |
| tu | as | choisi | tu | es | arrivé(e) |
| il/elle | a | choisi | il/elle | est | arrivé(e) |
| nous | avons | choisi | nous | sommes | arrivé(e)s |
| vous | avez | choisi | vous | êtes | arrivé(e,s,es) |
| ils/elles | ont | choisi | ils/elles | sont | arrivé(e)s |

■ 의문문

**Est-il arrivé** en retard ?

**A-t-il (A-t-elle)** déjà **vu** cette maison blanche ?

**Est-ce qu'il a choisi** un dessert ?

■ 부정문

Tu n'**as** pas **choisi** de dessert.

Nous ne **sommes** pas **arrivées** en retard.

• 복합시제에서 **être** 동사가 조동사일 경우 **과거분사는 주어의 성 · 수에 일치**한다.

### 3.2.2 용법

■ 현재와 관련이 있는 과거완료

J'**ai pensé** que c'était possible (et je continue à penser la même chose !).

Le mois dernier, il **est allé** au cinéma tous les jours.

■ 과거에 완료된 행위

Pas de dessert pour moi, j'en **ai** déjà **pris** un.

■ 근접과거

Ça va mieux, j'**ai retrouvé** mon calme.

■ 과거에 연이어 일어난 서로 다른 행위

Il **a ouvert** la porte, il **est sorti**, il **a couru** et il **est arrivé** à l'heure.

## 3.3 반과거 Imparfait

### 3.3.1 형태

직설법 현재 **nous**의 변화에서 어미 **ons**를 뺀 어간 + 반과거의 어미

| 1군 동사 **exister** | | 2군 동사 **nourrir** | | 3군 동사 **venir** | |
|---|---|---|---|---|---|
| nous | **exist_** | nous | **nourriss_** | nous | **ven_** |
| j' | exist**ais** | je | nourriss**ais** | je | ven**ais** |
| tu | exist**ais** | tu | nourriss**ais** | tu | ven**ais** |
| il/elle | exist**ait** | il/elle | nourriss**ait** | il/elle | ven**ait** |
| nous | exist**ions** | nous | nourriss**ions** | nous | ven**ions** |
| vous | exist**iez** | vous | nourriss**iez** | vous | ven**iez** |
| ils/elles | exist**aient** | ils/elles | nourriss**aient** | ils/elles | ven**aient** |

예외

• avoir → **j'avais**, être → **j'étais**, faire → je **faisais** [fəzɛ]

### 3.3.2 용법

■ 과거 사실의 묘사

Il **faisait** beau, la mer **était** calme, alors j'ai pris mon bateau.

Quand on pense qu'il y a un siècle, la télévision n'**existait** pas !

■ 과거에서의 반복, 습관, 계속적 상태

Quand j'**étais** enfant, nous **allions** tous les ans au bord de la mer. (반복 · 습관)

Elle **était** grosse, mais maintenant, elle est mince. (계속된 상태)

■ 과거에서의 동시성

Je **dormais** quand le téléphone a sonné.

Il **traversait** l'avenue ; brusquement, une voiture est arrivée en face de lui.

■ 조건법 현재 **si** 절에는 반과거가 쓰인다.

Si j'**avais** de l'argent, je partirais en voyage. (partirais = 조건법 현재)

반과거와 복합과거의 용법 비교하기

- Avant, j'**allais** toujours à la gym le mardi.
  (on ne sait pas quand j'ai commencé ou fini.)
- Je **suis** toujours **allé** à la gym le mardi.
  (et je continue à y aller le mardi.)

## 3.4 대과거 Plus-que-parfait

### 3.4.1 형태

조동사 **avoir**나 **être**의 직설법 반과거 + 과거분사

| **avoir** 동사 | | | | **rentrer** 동사 | | | |
|---|---|---|---|---|---|---|---|
| j' | **avais** | **eu** | tort | j' | **étais** | **rentré(e)** | à midi |
| tu | avais | eu | tort | tu | étais | rentré(e) | à midi |
| il/elle | avait | eu | tort | il/elle | était | rentré(e) | à midi |
| nous | avions | eu | tort | nous | étions | rentré(e)s | à midi |
| vous | aviez | eu | tort | vous | étiez | rentré(e,s,es) | à midi |
| ils/elles | avaient | eu | tort | ils/elles | étaient | rentré(e)s | à midi |

### 3.4.2 용법

- 과거(복합과거, 반과거, 단순과거)보다 앞서 완료된 행위나 상태

Il a ouvert la porte à l'homme qu'il **avait invité**.

Nous **avions** déjà **fini** de dîner quand Paul est rentré.

Elle lisait le livre qu'elle **avait acheté** le matin même.

- 반과거와 함께 쓰일 경우 **quand, après que, dès que, une fois que, aussitôt que** 등이 이끄는 종속절에서 쓰인다.

Après qu'elle **avait dîné**, elle se promenait dans le parc.

Dès que nous **étions arrivés** à la mer, nous nous jetions dans l'eau et jouions pendant des heures.

- 완전히 끝난 행위

Je n'ai pas pu lui téléphoner parce que j'**avais perdu** mon carnet d'adresse.

- 조건법 과거의 **si** 절에서 대과거가 쓰인다.

Cet accident ne lui serait pas arrivé s'il **avait été** plus prudent.
(serait arrivé = 조건법 과거)

## 3.5 단순과거 Passé simple

### 3.5.1 형태

| 1군 동사 **aimer** | | 2군 동사 **obéir** | | 3군 동사 **recevoir** | |
|---|---|---|---|---|---|
| j' | aim**ai** | j' | obé**is** | je | re**çus** |
| tu | aim**as** | tu | obé**is** | tu | re**çus** |
| il/elle | aim**a** | il/elle | obé**it** | il/elle | re**çut** |
| nous | aim**âmes** | nous | obé**îmes** | nous | re**çûmes** |
| vous | aim**âtes** | vous | obé**îtes** | vous | re**çûtes** |
| ils/elles | aim**èrent** | ils/elles | obé**irent** | ils/elles | re**çurent** |

- 이 밖에 **2**군 동사의 단순과거 어미와 똑같이 변하거나, **_ins, _ins, _int, _înmes, _întes, _inrent**로 어미변화하는 **3**군 동사들도 있다.

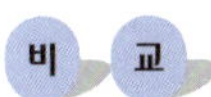

완료된 행위나 상태는 구어체에서 직설법 복합과거를, 문어체에서는 단순과거를 사용한다.
- 복합과거 : J'ai vu la Tour Eiffel. (나는 에펠탑을 보았다.)
- 단순과거 : Je vis la Tour Eiffel. (나는 에펠탑을 보았다.)

### 3.5.2 용법

- 단순과거는 문어체에서 과거에 완전히 완료되어 현재와는 관련이 없는 행위나 상태를 나타내며, **역사 · 소설 · 자서전 · 신문기사 · 성경 등에서만 사용되는 과거시제**이다. 현대어 특히 구어체에서는 사라진 과거완료형 시제이다.

La révolution **éclata** le 12 mai.

François Mitterrand **fut** réélu en 1988.

Il nous **offrit** des cigarettes anglaises, mais nous **refusâmes**.

Je le **regardai** dans les yeux et il **parut** gêné.

- 반과거와 함께 쓰인다. 이 때 반과거는 상황을 묘사한다.

Ce jour-là, il lisait quand elle **entra**.

D'un air enjoué, il **se présenta** à tous les invités qui étaient dans le salon.

## 3.6 전과거 Passé antérieur

### 3.6.1 형태

조동사 **avoir**나 **être**의 직설법 단순과거 + 과거분사

| **commencer** 동사 | | | **entrer** 동사 | | |
|---|---|---|---|---|---|
| j' | **eus[y]** | **commencé** | je | **fus** | **entré(e)** |
| tu | eus | commencé | tu | fus | entré(e) |
| il/elle | eut | commencé | il/elle | fut | entré(e) |
| nous | eûmes | commencé | nous | fûmes | entré(e)s |
| vous | eûtes | commencé | vous | fûtes | entré(e,s,es) |
| ils/elles | eurent | commencé | ils/elles | furent | entré(e)s |

### 3.6.2 용법

- 전과거는 단순과거 이전에 완료된 행위를 나타내며, **dès que, aussitôt que, quand, à peine ~ que, après que, lorsque** 등의 종속접속사와 함께 **문어체의 종속절**에서 주로 쓰이며, 주절의 시제는 단순과거이다.

Dès qu'il **eut parlé**, tout le monde se leva.

Aussitôt qu'ils **eurent dépassé** la frontière, ils remarquèrent que l'architecture était différente.

- 구어체 → 주절(직설법 복합과거), 종속절(직설법 대과거)
- 문어체 → 주절(직설법 단순과거), 종속절(직설법 전과거)

## 3.7 단순미래 Futur simple

### 3.7.1 형태

| fabriquer 동사 | | dire 동사 | | 의문문 |
|---|---|---|---|---|
| je | fabriquer**ai** | je | dir**ai** | **Est-ce que je partirai** seule ? |
| tu | fabriquer**as** | tu | dir**as** | **N'ouvriras-tu pas** ta porte ? |
| il/elle | fabriquer**a** | il/elle | dir**a** | **Finira-t-il (elle)** le cours à midi ? |
| nous | fabriquer**ons** | nous | dir**ons** | Quel jour **partirons-nous** ? |
| vous | fabriquer**ez** | vous | dir**ez** | **Descendrez-vous** à terre ? |
| ils/elles | fabriquer**ont** | ils/elles | dir**ont** | **Courront-elles** vers le bonheur ? |

- **1**군 동사와 **2**군 동사는 동사의 원형**(l'infinitif)**에 직설법 단순미래의 어미**(_ai, _as, _a, _ons, _ez, _ont)**를 덧붙인다.

- 3군 동사 중 **vivre, lire, attendre, prendre, dire** 처럼 어미가 **"_re"**인 경우 **"e"**를 떼고 직설법 단순미래의 어미를 덧붙인다.

- 3군 동사 중 **avoir** 동사나 **être** 동사처럼 특수한 어간을 취하는 동사들이 있다.

| | | | | | |
|---|---|---|---|---|---|
| avoir | → | j'aurai | venir | → | je viendrai |
| être | → | je serai | vouloir | → | je voudrai |
| aller | → | j'irai | courir | → | je courrai |
| appeler | → | j'appe**ll**erai | mourir | → | je mourrai |
| faire | → | je ferai | accueillir | → | j'accueill**er**ai |
| devoir | → | je devrai | pouvoir | → | je pourrai |
| savoir | → | je saurai | employer | → | j'emplo**i**erai |
| acheter | → | j'ach**è**terai | étudier | → | j'étudi**e**rai [jetydire] |
| voir | → | je verrai | valoir | → | je vaudrai |
| envoyer | → | j'**enverrai** | acquérir | → | j'acquerrai |

### 3.7.2 용법

■ 미래의 약속

Je ne **serai** plus en retard, c'est promis.

■ 완곡한 표현의 명령

Tu **diras** la vérité.

Vous ne **sortirez** pas ce soir !

■ 계획

Demain, nous **partirons** à 8 heures et nous **voyagerons** toute la journée.

Quand vous **arriverez,** un chauffeur vous **attendra**.

■ 예견, 예언

Demain, il ne **fera** pas beau.

Vous **aurez** beaucoup d'enfants.

Un jour **viendra** où vous **trouverez** le bonheur.

■ 연이어 나온 두 개의 미래 시제는 **et, puis, ensuite** 등으로 이어진다.

Je **travaillerai** puis je **sortirai**.

Elle **se lavera** les cheveux avec du shampooing, ensuite, elle **se séchera** les cheveux avec un sèche-cheveux.

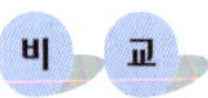


- 현재 : Qu'est-ce que tu **fais**, ce week-end ?
- 매우 가까운 미래 : Ils **sont sur le point de** déménager.
- 근접미래 : Je **vais prendre** des cours de salsa.
- 단순미래 : Un jour, **j'irai** en Asie, j'espère !

## 3.8 전미래 Futur antérieur

### 3.8.1 형태

| 조동사 **avoir**나 **être**의 단순미래 + 과거분사 | | | | | |
|---|---|---|---|---|---|
| **parler** 동사 | | | **aller** 동사 | | |
| j' | **aurai** | **parlé** | je | **serai** | **allé(e)** |
| tu | auras | parlé | tu | seras | allé(e) |
| il/elle | aura | parlé | il/elle | sera | allé(e) |
| nous | aurons | parlé | nous | serons | allé(e)s |
| vous | aurez | parlé | vous | serez | allé(e,s,es) |
| ils/elles | auront | parlé | ils/elles | seront | allé(e)s |

### 3.8.2 용법

- 전미래는 단순미래에 앞서 완료될 행위나 상태(미래완료)를 나타내며, **dès que, aussitôt que, quand, après que, lorsque** 등의 종속접속사와 함께 문어체의 종속절에서 쓰이며, 주절의 시제는 단순미래이다.

Ils mangeront le repas qu'elle **aura préparé**.

Aussitôt que tu **seras rentré**, tu lui téléphoneras.

Quand elle **aura réussi** son examen, elle partira en vacances.

Je tournerai ce film dès l'instant où ils **auront signé** leur contrat.

- 단순미래 대신에 상황보어를 전미래와 함께 사용하기도 한다.

J'espère qu'il **aura commencé** ce travail avant midi.

- 완곡한 표현의 추측, 가정

Vous n'**aurez** pas oublié de fermer la porte.

## À table !

A midi, quand je me réveille, je me jette à l'eau pour capturer mon déjeuner. Avec mes cinquante dents, je bois deux litres d'eau fraîche, j'avale trois poissons verts, je croque quatre grenouilles tièdes.

Quand j'ai fini mon repas, je m'installe en plein soleil pour faire la sieste. Je reste immobile sur le sable, gueule ouverte et yeux mi-clos.

De temps en temps, un oiseau vient nettoyer mes dents pointues. Drôle de brosse à dents, n'est-ce pas ?

Et je dors !

Je dors des heures entières.

Christian Lamblin, *Je m'entraine ā la lecture*

---

## La lettre d'Isabelle

Daejeon, le 15 juin.

Chers parents,

J'ai fait un très bon voyage. Après mon arrivée à l'aéroport d'Incheon, je suis allée en bus à Daejeon. Mon logement est sur le campus de l'Université. La chambre est au quatrième étage d'un bâtiment de la cité universitaire. L'environnement est très calme, agréable et verdoyant. J'y serai bien. En ce moment, il fait beau et doux.

Hier, je suis allée à Gongju. J'ai fait une promenade sur la forteresse et au bord de la rivière Geum. Je suis restée tout l'après-midi et je suis rentrée vers sept heures du soir.

Aujourd'hui, j'ai rencontré quelques étudiants du département de français. Les cours commenceront dans une semaine. J'ai déjà visité quelques quartiers. Les Coréens sont très accueillants.

Je vous embrasse tous les trois très fort.

A bientôt !

*Isabelle*

## L'ennui d'un dimanche

Le soir, Marie avait tout oublié. Le film était drôle par moments et puis vraiment trop bête. Elle avait sa jambe contre la mienne. Je lui caressais les seins. Vers la fin de la séance, je l'ai embrassée, mais mal. En sortant, elle est venue chez moi.

Quand je me suis réveillé, Marie était partie. Elle m'avait expliqué qu'elle devait aller chez sa tante. J'ai pensé que c'était dimanche et cela m'a ennuyé : je n'aime pas le dimanche. Alors, je me suis retourné dans mon lit, j'ai cherché dans le traversin l'odeur de sel que les cheveux de Marie y avaient laissée et j'ai dormi jusqu'à dix heures. J'ai fumé ensuite des cigarettes, toujours couché, jusqu'à midi. Je ne voulais pas déjeuner chez Céleste comme d'habitude parce que, certainement, ils m'auraient posé des questions et je n'aime pas cela. Je me suis fait cuire des œufs et je les ai mangés à même le plat, sans pain parce que je n'en avais plus et que je ne voulais pas descendre pour en acheter.

Après le déjeuner, je me suis ennuyé un peu et j'ai erré dans l'appartement. Il était commode quand maman était là.

Albert Camus, *L'Étranger*

## La douleur

La porte s'ouvrit et deux gardiens entrèrent. Ils étaient suivis d'un homme blond qui portait un uniforme beige. Il nous salua :

— Je suis médecin, dit-il. J'ai l'autorisation de vous assister en ces pénibles circonstances.

Il avait une voix agréable et distinguée. Je lui dis :

— Qu'est-ce que vous venez faire ici ?

— Je me mets à votre disposition. Je ferai tout mon possible pour que ces quelques heures vous soient moins lourdes.

— Pourquoi êtes-vous venu chez nous ? Il y a d'autres types, l'hôpital en est plein.

— On m'a envoyé ici, répondit-il d'un air vague.

— Ah ! vous aimeriez fumer, hein ? ajouta-t-il précipitamment. J'ai des cigarettes et même des cigares.

Il nous offrit des cigarettes anglaises et des puros, mais nous refusâmes. Je le regardai dans les yeux et il parut gêné. Je lui dis :

— Vous ne venez pas ici par compassion. D'ailleurs je vous connais. Je vous ai vu avec des fascistes dans la cour de la caserne, le jour où on m'a arrêté.

J'allais continuer, mais tout d'un coup il m'arriva quelque chose qui me surprit : la présence de ce médecin cessa brusquement de m'intéresser. D'ordinaire quand je suis sur un homme je ne le lâche pas. Et pourtant l'envie de parler me quitta ; je haussai les épaules et je détournai les yeux. Un peu plus tard, je levai la tête : il m'observait d'un air curieux. Les gardiens s'étaient assis sur une paillasse. Pedro, le grand maigre, se tournait les pouces, l'autre agitait de temps en temps la tête pour s'empêcher de dormir.

— Voulez-vous de la lumière ? dit soudain Pedro au médecin.

L'autre fit "oui" de la tête.

Jean-Paul Sartre, *Le Mur*

// 프랑스어문법 //

# leçon 04

# 대명동사

## le verbe pronominal

# 대명동사 le verbe pronominal

주어와 같은 사물이나 사람을 나타내는 재귀적 인칭대명사 "se"를 동사가 동반할 때 대명동사라 한다. 재귀적 인칭대명사 **"se"는 주어의 성 · 수에 따라 "me, te, se, nous, vous, se"**로 변하며, 직접 · 간접목적보어 또는 허사적 역할을 한다.

## 4.1 형태

**se lever 동사**

| 긍정문 | | 부정문 | | 복합시제의 부정문과 긍정문 |
|---|---|---|---|---|
| je | **me** lève | je | ne me lève pas | je ne me suis pas levé(**e**) |
| tu | **te** lèves | tu | ne te lèves pas | tu ne t'es pas levé(**e**) |
| il/elle | **se** lève | il/elle | ne se lève pas | il/elle ne s'est pas levé(**e**) |
| nous | **nous** levons | nous | ne nous levons pas | nous nous sommes levé(**e**)**s** |
| vous | **vous** levez | vous | ne vous levez pas | vous vous êtes levé(**e**,**s**,**es**) |
| ils/elles | **se** lèvent | ils/elles | ne se lèvent pas | ils/elles se sont levé(**e**)**s** |

## 4.2 용법

### 4.2.1 재귀적 대명동사

동사의 행위가 주어 자신에게 돌아간다. 이때 "se"는 직접 또는 간접목적보어의 역할을 한다.

■ Il se peigne.
c.o.d.

peigner : ~의 머리를 빗다.
se peigner : (자신의 머리를) 빗다.
c.o.d.

■ Il se lave les cheveux. (= Il lave les cheveux [à lui].)
c.o.i. c.o.d.

laver : ~을 씻다, 닦다
se laver : (자신을) 씻다
c.o.d.
se laver les cheveux : (자신의) 머리를 감다.
c.o.i.(= à soi) c.o.d.

주 의

대명동사와 함께
· 신체의 일부를 나타내는 명사가 쓰일 경우 정관사를 사용한다.
se laver les cheveux, se brosser les dents, se casser le bras, se frotter les mains ...
· 친근한 표현에서 정관사를 사용한다.
se serrer la ceinture, se casser la tête, se mettre le doigt dans l'œil ...

### 4.2.2 상호적 대명동사

주어가 항상 복수이며, "se"가 직접 또는 간접목적보어 역할을 한다. "서로서로"의 의미를 담고 있어 이를 강조하기 위해 **l'un(l'une) l'autre, l'un(l'une) à l'autre, mutuellement, réciproquement, entre eux(elles, nous ...)** 등의 표현이 대명동사와 함께 쓰이기도 한다.

■ Elles se regardent l'une l'autre.
c.o.d.

regarder : ~을 쳐다보다
se regarder : (서로를, 자신을) 쳐다보다
c.o.d.

■ Elles se parlent l'une à l'autre.
c.o.i.

parler à : ~에게 말하다
se parler : (서로에게, 자신에게) 말하다
c.o.i.(= à soi)

### 4.2.3 수동적 대명동사

대부분의 주어가 사물이며, 수동적 의미를 갖고, "se"가 직접목적보어의 역할을 한다. 단, s'appeler 동사는 주어가 사람이다.

Ce sport **se pratique** en plein air.
c.o.d.
(= Ce sport **est pratiqué** en plein air.)

La maison blanche **se voit** de loin.
c.o.d.
(= La maison blanche **est vue** de loin.)

주의

- La porte est fermée. (수동태로서 닫힌 상태를 나타낸다. : 문이 닫혀 있다.)
- La porte se ferme. (수동적 대명동사로서 닫히는 동작을 나타낸다. : 문이 닫힌다.)
  c.o.d.

### 4.2.4 본질적 내명동사

보어인칭대명사 "se" 없이는 동사의 기능을 못하는 동사를 일컫는다. 이때 재귀적 인칭대명사 "se"는 직접목적보어로 취급되며 문법적 기능이 없다.

**s'en aller** (떠나다)
**s'envoler** (날아가다)
**se méfier de** (불신하다)
**se moquer de** (조롱하다)
**s'emparer de** (빼앗다)
**s'évanouir** (기절하다)
**se tromper** (착각하다)
**se souvenir de** (회상하다)

Je ne **m'en vais** pas ce soir, tu le sais ?
Il **se moque de** moi.
Elle **se souvient de** son enfance.

# leçon 05

# 준조동사

## le semi-auxiliaire

# 준조동사 le semi-auxiliaire

양태와 시간의 특수한 뉘앙스를 나타내면서 조동사처럼 쓰이는 몇몇 동사나 동사구를 준조동사라 한다. 준조동사는 흔히 부정법(동사원형, inf.)과 함께 쓰인다.

## 5.1 양태

### 5.1.1 사역 : faire + inf.

Je **fais** chanter Magali.
(faire 동사의 직접목적보어 Magali가 chanter 동사의 주어)

Ne me **faites** pas attendre.

### 5.1.2 방임 : laisser + inf.

Je **laisse** passer Jean.
(목적보어 없는 동사와 함께 : passer 동사의 주어는 Jean)

Elle **laisse** son fils lire des bandes dessinées.
(목적보어를 갖고 있는 타동사와 함께 : lire 동사의 주어는 son fils)

### 5.1.3 명령 : Tu vas / Vous allez + inf.

Tu ne **vas** pas sortir seul.
(혼자서 외출하지 말아라.)

Vous **allez** dire ça à tout le monde.
(그것을 모든 사람에게 말하세요.)

### 5.1.4 가능성 : pouvoir, devoir + inf.

Cet enfant **pouvait** avoir tout au plus cinq ans.
(그 아이는 기껏해야 5 살이었을 것이다.)

Vous **devez** beaucoup marcher.

## 5.2 시간

### 5.2.1 소원, 희망 : vouloir, pouvoir + inf.

Je **voudrais** inviter mes parents.

**Puissiez-vous** connaître enfin le repos !
(pouvoir 동사의 접속법을 사용하고 주어와 동사를 도치하면 "~했으면"을 의미한다.)

### 5.2.2 근접과거 : venir de + inf.

Tu veux une bière ?
— Non, merci. Je **viens de** prendre un café.

Nous **venons de** sortir de chez nous.

Notre fille **vient de** faire sa promenade.

### 5.2.3 현재진행 : être en train de + inf.

Nous **sommes en train de** dîner.
(= Nous sommes au milieu du dîner.)

Tu peux répondre ? Le téléphone sonne !
— Non, je ne peux pas, je **suis en train de** faire la vaisselle.

Ne me dérangez pas, je **suis en train de** travailler.

주 의

• être en train de는 감정이나 행위의 동사 또는 vivre, habiter 동사 등과 함께 쓰이지 않는다.

### 5.2.4 매우 가까운 미래 : être sur le point de + inf., s'apprêter à + inf.

Elle **est sur le point de** retourner à la maison.

Je **m'apprête à** retourner au magasin.

### 5.2.5 근접미래 : aller + inf. (현재와의 연속성에서 가까운 미래, 의지, 계획, 결정을 나타내며, 주로 직설법 현재나 반과거로만 사용함)

Vite, vite, le film **va** commencer.

Je **vais** ouvrir la fenêtre, on étouffe ici. (가까운 미래)

Attends, je **vais** parler à François. (의지)

Qu'est-ce que vous **allez** faire à l'avenir ?
— Je **vais** rester trois ou quatre mois en Iran. (계획)

Nous **allons** partir en Grèce pour les vacances de Pâques. (결정)

Attention, tu **vas** te couper ! (경계)

### 5.2.6 미래적 의무 또는 추측 : devoir + inf.

Je **dois** finir ce soir.
(의향 : 나는 오늘 저녁에 끝낼 작정이다.)

Il **doit** être grand maintenant.
(추측 : 그는 지금쯤 컸을 것이다.)

# leçon 06

# 과거분사의 일치

## l'accord du participe passé

6.1 조동사가 avoir일 경우
6.2 조동사가 être일 경우

# 과거분사의 일치
# l'accord du participe passé

## 6.1 조동사가 avoir일 경우

### 6.1.1 모든 타동사와 대부분의 자동사가 avoir 동사를 조동사로 취한다.

이 동사들의 과거분사는 주어의 성·수에 일치하지 않는다.

J'ai **mangé** un sandwich.

Ils ont **envoyé** des cartes postales.

### 6.1.2 복합시제에서 조동사 avoir 앞에 직접목적보어(c.o.d.)가 오면 과거분사는 직접목적보어의 성 · 수에 일치한다.

Elle a jeté la valise (c.o.d.) dans l'entrée. → Elle l'a (c.o.d.(= la valise)) **jetée** là.

Nous mangeons les fruits (c.o.d.(선행사 les fruits가 관계절의 직접목적보어)) qu'elle a **rapportés**.

 주 의

- Il nous (c.o.i.) a **téléphoné**. (téléphoner à nous)

## 6.2 조동사가 être일 경우

몇몇 자동사와 모든 대명동사가 복합 시제에서 être 동사를 조동사로 취한다. 이 동사들의 **과거분사는 주어의 성 · 수에 일치**한다.

**6.2.1 장소 · 상태 등의 이동을 나타내는 동사들은 복합 시제에서 être 동사를 반드시 조동사로 취한다. 이 동사들의 과거분사는 주어의 성 · 수에 일치한다.**

**aller ↔ venir** **arriver ↔ partir** **entrer ↔ sortir**
**monter ↔ descendre** **naître ↔ mourir** **rester ↔ passer**
**retourner, tomber, devenir**

Isabelle **est née** à Londres en 1990.
Céline **est devenue** députée.

주의

· **sortir, passer, descendre, monter** 동사 등은 타동사로 쓰일 경우 avoir 동사를 조동사로 취한다.
J'ai **monté** mes valises (c.o.d.) dans la chambre d'hôtel.
Elle **a sorti** son appareil photo (c.o.d.) de son sac noir.

**6.2.2 재귀적 · 상호적 대명동사가 복합시제일 때 보어인칭대명사 "se"가 직접목적보어이면 과거분사는 주어의 성 · 수에 일치하고, "se"가 간접목적보어이면 과거분사는 일치하지 않는다.**

se가 c.o.d. : Elle s'(c.o.d.)est **lavée**.
Les enfants **se** (c.o.d.) sont **battus**.

se가 c.o.i. : Elle s'(c.o.i.)est **lavé** les mains (c.o.d.).
Elles **se** (c.o.i.) sont **écrit** des lettres (c.o.d.).

주의

· se가 간접목적보어일 경우 직접목적보어가 동사 앞에 오면 과거분사는 직접목적보어의 성 · 수에 일치한다.
Les mains (c.o.d.) qu'elle (c.o.i.) **s'est lavées.** (les mains의 성·수에 일치)

6.2.3 **수동적 · 본질적 대명동사의 "se"는 언제나 직접목적보어로 취급되므로 과거분사는 주어의 성 · 수에 일치한다.**

수동적 대명동사 : La porte **s'**est **ouverte**.
c.o.d.

Les bas de soie **se** sont bien **vendus**.
c.o.d.

본질적 대명동사 : Elle **s'**est **moquée** de son copain.
c.o.d.

Ils **se** sont **enfuis** à toute jambe.
c.o.d.

주의

· on이 nous를 의미할 경우 : **On** s'est rencontré(e)**s**.

**Un amoureux trés encombrant !**

Pour Lucette-Marie, la vie au cirque serait bien agréable s'il n'y avait pas... Archibald !

Disons-le tout de suite : Archibald est amoureux fou de Lucette-Marie. Et Lucette-Marie n'est pas du tout amoureuse de lui !

Voilà comment cela s'est passé : lorsque Lucette-Marie est arrivée au cirque, elle se sentait bien seule. Elle avait besoin de parler avec quelqu'un. Archibald s'en est rendu compte et il lui a offert des bananes. Malheureusement, Lucette-Marie a horreur des bananes.

Christian Lamblin, *Je m'entraine ā la lecture*

# leçon 07

# 비인칭 동사

## le verbe impersonnel

# 비인칭 동사
# le verbe impersonnel

주어인칭대명사 "il"은 항상 사람을 대신하지 않으며, 중성으로서 비인칭 동사와 함께 비인칭 문장을 유도하기도 한다.

## 7.1 자연현상을 나타내는 비인칭 동사

**il + geler, venter, tonner, éclairer, brumer, pleuvoir 등**

**Il pleut.**　　**Il grêle.**　　**Il tonne.**

**Il neige** beaucoup en hiver en Corée du Sud.

## 7.2 il faut

**il faut** + 명 사 : 필요하다
부정법 : ~해야만 한다
que + 접속법 : ~해야만 한다

**Il faut** du lait.

**Il faut** partir tout de suite.

**Il faut que** tu partes tout de suite. (partes = partir 동사의 접속법 현재)

 주 의

- 부정법의 동작주로서 간접목적보어 인칭대명사 me, te, lui, nous, vous, leur가 falloir 동사 앞에 놓인다.
  Il **lui** faut partir tout de suite. (lui는 partir 동사의 주어)

## 7.3 날씨를 나타낼 때 il fait

**Il fait** chaud (froid, bon, beau, mauvais, frais, doux, clair, sombre, noir).

**Il fait** jour (nuit). (날이 밝아지다 [어두워지다].)

**Il fait** du vent (soleil, brouillard). (du = 부분관사)

주 의

- il fait bon [beau] + inf. : ~하는 것은 기분이 좋다.
  **Il fait bon** dormir quand on est fatigué.

## 7.4 시간을 나타낼 때 il est

### 7.4.1 Quelle heure est-il ? (= Vous avez l'heure ? 몇 시입니까 ?)

**— Il est ...**

midi : 정오

15 heures : 오후 3시

7 heures et quart : 7시 15분

3 heures moins 25 : 3시 25분 전

minuit : 자정

4 heures 05 : 4시 5분

3 heures et demie : 3시 30분

5 heures moins le quart : 5시 15분 전

주 의

- 다른 시각에서 30분은 **demie**이나 midi와 minuit에서의 30분은 **demi**(남성형)이다.
  Il est midi(minuit) et **demi**.
- demi가 명사 앞에서는 불변이나, 명사 뒤에서 단수형 여성 명사(heure)와 일치한다.
  une **demi**-heure, trois heures et **demie**

### 7.4.2 Il est temps de+inf. : ~ 할 시간이다

**Il est temps d'**aller à la gare. (= C'est l'heure d'aller.)

## 7.5 il y a ... , il est

Combien de livres **y a-t-il** sur la table ? (탁자에 책이 몇 권 있습니까 ?)

**Il y a** un livre sur la table.
(= Un livre est sur la table.)

Combien **y a-t-il** d'ici à Paris ? (여기서 파리까지 거리가 얼마나 됩니까 ?)

**Il y a** du vent (du soleil, du brouillard, des nuages ...). (날씨 : 바람이 있다.)

Qu'est-ce qu'**il y a** ? (무슨 일입니까 ?)

**Il y a** deux jours **que** je ne l'ai pas vu. (내가 그를 못 본 지 이틀째입니다.)

**Il était** un prince dans ce château. (이 성에 왕자 한 명이 있었습니다.)

## 7.6 판단을 나타낼 때 : il est + 형용사 + de + inf. / que + 직설법 / que + 접속법

**Il est nécessaire de** partir en voyage.

**Il est juste qu'**il part en voyage.
(part = partir 동사의 직설법 현재)

**Il est impossible qu'**il parte en voyage.
(parte = partir 동사의 접속법 현재)

## 7.7 il + 비인칭 동사 + 명사 / inf. / que

**Il arrive** un accident. → Un accident arrive. (일어나다)

**Il vient** des hommes. → Des hommes viennent.

**Il** me [te, lui, etc.] **vient** une bonne idée. (~이 떠오르다)

**Il vaut mieux** lire ce livre.
**que** tu lises ce livre.
(lises = lire 동사의 접속법 현재 : ~하는 편이 더 낫다)

**Il suffit de** téléphoner pour avoir les informations.
**que** tu téléphones.
(téléphones = téléphoner 동사의 접속법 현재 : ~하는 것으로 충분하다)

**Il** me [te, lui, etc.] **reste** 1 euro. (남아 있다)

**Il** lui [me, te, etc.] **manque** 1 euro. (모자라다)

**S'il vous plaît.** (제발, 죄송하지만)

**Il s'agit de** votre honneur. (~에 관한 문제이다)

**Il semble que** tu sois fatigué(e).
(sois = être 동사의 접속법 현재 : ~ 듯하다)

**Il** me [te, lui, etc.] **semble que** tu es fatigué(e).
(il me semble que + 직설법 : 나에게는 ~처럼 생각된다.
il ne me semble pas que + 접속법)

**Il paraît qu'**il s'est marié.
(il paraît que + 직설법 : ~인 것 같다)

**Il se peut qu'**il vienne.
(vienne = venir 동사의 접속법 현재 : ~일지도 모른다)

## 7.8 il est + 과거분사 + de inf. / que

동작주를 명확히 밝히고 싶지 않을 경우 수동태의 형태를 빌려 비인칭구문을 만든다.

**On a dit que** le magasin serait fermé le lundi.
→ **Il a été dit que** le magasin serait fermé le lundi.

**Ils ont décidé que** la grève serait générale.
→ **Il a été décidé que** la grève serait générale.

**Il est interdit de** fumer dans cet immeuble.

**Il est défendu de** marcher sur les pelouses.

**Il est permis de** stationner pendant deux heures.

## L'homme à la cervelle d'or

À une lectrice qui demande des histoires gaies.

Un enfant naît avec une très grosse tête. Les médecins pensent qu'il va bientôt mourir. Pourtant, il vit et il grandit. Il se cogne souvent. Un jour, il tombe la tête la première et on entend un bruit de métal. Il n'est pas mort. Il a deux gouttes d'or sur le front. Ses parents découvrent qu'il a une cervelle d'or. Ils ne disent rien. Ils gardent leur secret. Le garçon ne comprend pas pourquoi il ne peut pas jouer avec les autres enfants dans la rue. - Je veux garder mon trésor, lui dit sa mère.

À dix-huit ans, il apprend qu'il a une cervelle d'or. Et ses parents lui demandent un peu de son or pour le prix de son éducation. Il n'hésite pas. Il arrache un morceau d'or gros comme une noix et le donne à sa mère. Il se sent fort et riche. Il quitte ses parents et commence à voyager. Il dépense sans compter. Il vit comme un roi. Mais, peu à peu, ses yeux deviennent moins brillants, ses joues plus pâles. Il prend peur. Il décide de travailler. Il se cache. Il devient avare. Un ami reste avec lui parce qu'il connaît son secret ...

Une nuit, l'homme à la cervelle d'or se réveille. Il a très mal à la tête. Et il voit son ami qui court et qui cache quelque chose sous son manteau. « Encore un peu de cervelle qui disparaît », pense-t-il.

Quelque temps après, il rencontre une jeune fille. Il tombe amoureux d'elle. Elle l'aime aussi, mais elle aime surtout ses cadeaux. Il lui offre des bijoux et des rubans. Elle ressemble à une poupée et à un oiseau. Entre ses mains, les pièces d'or disparaissent très vite. Elle veut tout. Il lui achète tout. Il ne dit jamais non. Il ne lui dit pas son secret ni l'origine de leur richesse. Mais il ne veut pas avoir l'air avare.

Deux ans plus tard, elle meurt, comme un oiseau. Avec le reste de son trésor, il organise un bel enterrement et il donne de l'or à l'église. Lorsqu'il sort du cimetière, il se sent un peu ivre. Il marche longtemps, seul. Le soir, il s'arrête devant une vitrine et choisit de jolies bottes pour sa femme. Il ne se rappelle plus qu'elle est morte. Il entre dans la boutique. Tout à coup, on entend un cri : l'homme est mort et il a du sang sur les doigts avec des traces d'or. Il a tout dépensé.

Je viens de lire la légende de l'homme à la cervelle d'or. Quelques hommes sont riches d'un secret. Alors ils paient cher toutes les choses de la vie.

Alphonse Daudet, *Lettres de mon Moulin*

# leçon 08

# 조건법

## le conditionnel

8.1 현재나 미래에 대한 실현 가능성이 거의 확실한 경우
8.2 조건법 현재
8.3 조건법 과거
8.4 조건절은 반드시 si가 이끄는 종속절로 표시하지 않는다.

# 조건법 le conditionnel

조건법은 접속사 **si**가 이끄는 종속절과 함께 추측, 의혹, 실현 불가능한 사실, 공손한 표현 등을 나타낸다.

## 8.1 현재나 미래에 대한 실현 가능성이 거의 확실한 경우

**si** + 주어 + 직설법 현재, 주어 + 직설법 단순미래 / 명령문 / 근접미래

Si tu arrives le premier, tu **m'attendras** / **attends-moi**.
Je **voyagerai**, si je reçois un bon salaire.
Si je réussis, je **vais m'inscrire** à l'université.
Tu **me suivras** / Tu **vas me suivre** / Tu **me suis** / **Suis-moi**, si tu pars.

## 8.2 조건법 현재

### 8.2.1 형태

직설법 단순미래의 어간 + 반과거의 어미

| **avoir** 동사 (j'**aur**_) | | | | **être** 동사 (je **ser**_) | | | |
|---|---|---|---|---|---|---|---|
| j' | aur**ais** | nous | aur**ions** | je | ser**ais** | nous | ser**ions** |
| tu | aur**ais** | vous | aur**iez** | tu | ser**ais** | vous | ser**iez** |
| il/elle | aur**ait** | ils/elles | aur**aient** | il/elle | ser**ait** | ils/elles | ser**aient** |

### 8.2.2 용법

■ 현재나 미래에 실현 불가능한 사실이나 추측, 의혹에 가까운 가능성

**si + 주어 + 직설법 반과거, 주어 + 조건법 현재**

Si j'avais le temps, je **viendrais** te voir. (현재 사실의 반대)
(= Mais je n'ai pas le temps, donc je ne viens pas te voir.)

Ah, si j'étais riche ..., je **demeurerais** dans un hôtel.
(= Mais je ne suis pas riche, donc je ne demeure pas ...)

Si, un jour, j'avais de l'argent, je **partirais**. (미래에 대한 의혹)

Bernard **serait** malade ? Je n'en suis pas sûr.
(en = de + 앞 문장 : 추측)

On **aurait** un grand jardin, on y **planterait** des fleurs ... (상상)
(= Si on avait un grand jardin, ...)

■ 소망, 공손한 표현, 요구나 가정, 꿈이나 상상 : **aimer, souhaiter, désirer, préférer, pouvoir, vouloir** 동사의 **조건법**을 사용한다.

J'**aimerais** bien voyager avec toi. (소망)

Je **pourrais** vous poser une question ? (공손한 표현의 요구)

Je **voudrais** essayer cette paire de chaussures, s'il vous plaît.

Vous **pourriez** lui envoyer une lettre pour l'inviter. (가정)

■ 충고 : **devoir** 동사의 조건법, **tu ferais mieux de + inf., il vaudrait mieux + inf. / que + subj.**를 사용하다.

Tu ne **devrais** pas manger trop de chocolat, ça te rend malade.

Tu es trop fatigué. **Il vaudrait mieux** que tu te reposes.

■ 과거에서의 미래 (간접화법)

Il dit qu'il t'**aimera** toujours. (단순미래)
→ Il a dit qu'il t'**aimerait** toujours. (조건법 현재)

 주의

· 직설법 단순미래와 조건법 현재를 혼동하지 마시오.
Elle **aimera** certainement ce cadeau. (단순미래)
Elle **aimerait** voyager en Angleterre. (조건법 현재 : 소망)

## 8.3 조건법 과거

### 8.3.1 형태

조동사 **avoir**나 **être**의 조건법 현재 + 과거분사

| **exprimer** 동사 | | | **venir** 동사 | | |
|---|---|---|---|---|---|
| j' | **aurais** | **exprimé** | je | **serais** | **venu(e)** |
| tu | aurais | exprimé | tu | serais | venu(e) |
| il/elle | aurait | exprimé | il/elle | serait | venu(e) |
| nous | aurions | exprimé | nous | serions | venu(e)s |
| vous | auriez | exprimé | vous | seriez | venu(e,s,es) |
| ils/elles | auraient | exprimé | ils/elles | seraient | venu(e)s |

### 8.3.2 용법

■ 과거사실의 반대

**si + 주어 + 직설법 대과거, 주어 + 조건법 과거 / 조건법 현재**

Si j'avais été libre, je **serais allé** vous voir. (과거 사실의 반대)
(= Mais je n'ai pas été libre, donc je ne suis pas allé vous voir.)

Si j'avais dormi (cette nuit), je **me sentirais** mieux (maintenant).
(= Mais je n'ai pas dormi, alors je me sens mal.)

■ 추측

Pierre a été très malade : il **aurait eu** beaucoup de fièvre et **serait resté** couché plusieurs jours.

■ 후회 : **devoir**와 **pouvoir** 동사가 자주 쓰인다.

Nous **aurions pu** y aller.

J'**aurais dû** partir plus tôt.

Elle **aurait voulu** être médecin mais ses résultats en math n'étaient pas bons.

■ 비난

Vous **auriez pu** / Vous **auriez dû** nous prévenir !

On **aurait préféré** que tu nous mettes au courant !

■ 공손한 표현의 요구

Vous n'**auriez** pas **vu** un petit chien blanc ?

J'**aurais voulu** un billet pour samedi prochain.

■ 불확실한 정보

Françoise et Antoine **seraient** à Bordeaux où ils **se seraient mariés** dans la plus grande intimité.

■ 과거에서의 전미래 (간접화법)

Il dit que, le 1er décembre, il **sera** déjà **parti**. (전미래)
→ Il a dit que, le 1er décembre, il **serait** déjà **parti**. (조건법 과거)

## 조건절은 반드시 si가 이끄는 종속절로 표시하지 않는다.

**Sans toi**, je ne **réussirais** pas.
(네가 없다면, 나는 성공하지 못할 것이다.)

**Sans toi**, je n'**aurais** pas **réussi**.
(네가 없었다면, 나는 성공하지 못했을 것이다.)

**À votre place**, je **déménagerais**.
(내가 당신이라면, 이사할텐데 ...)

**À votre place**, je lui **aurais parlé** tout de suite.
(내가 당신이었다면, 즉시 그에게 말했을텐데 ...)

신문과 미디어에서 불확실한 정보를 제공할 때 조건법이 쓰인다.
- L'entreprise **déménagera** bientôt (c'est probable).
- L'entreprise **déménagerait** bientôt (on me l'a dit, **mais ce n'est pas certain**).

## La mort du père Goriot

*Le père Goriot a été très riche, mais il a donné tout son argent à ses deux filles, Anastasie et Delphine ; il est maintenant sur le point de mourir seul, dans une petite chambre sans feu. Ses filles ne viennent pas, il n'a auprès de lui qu'un jeune étudiant, Eugène de Rastignac, et c'est à lui qu'il parle.*

Avez-vous vu mes filles ? Elles vont venir bientôt, elles accourront aussitôt qu'elles me sauront malade ; elle vont venir, je les connais. Cette bonne Delphine, si je meurs, quel chagrin je lui causerai !

Je ne voudrais pas mourir pour ne pas les faire pleurer. Mourir, mon bon Eugène, c'est ne plus les voir ; là où l'on s'en va, je m'ennuierai bien. Pour un père, c'est l'enfer d'être sans enfants ... Si elles étaient là, je ne me plaindrais pas ... Mais aucune ne viendra ; elles ont des affaires, elles dorment, elles ne viendront pas, je le savais ; il faut mourir pour savoir ce que c'est que des enfants. Vous leur donnez la vie, ils vous donnent la mort.

Non, elles ne viendront pas, je sais cela depuis dix ans, je me le disais quelquefois, mais je n'osais pas y croire. Ah, si j'étais riche ... elles seraient là, je demeurerais dans un hôtel, j'aurais de belles chambres, des domestiques, du feu à moi, et elles seraient en larmes avec leurs maris, leurs enfants, j'aurais tout cela. Mais rien ; l'argent donne tout, même des filles. Si j'avais des trésors à laisser, elles me soigneraient, je les entendrais, je les verrais ... Je souffre horriblement, mon Dieu, les médecins ... Si l'on m'ouvrait la tête, je souffrirais moins ...

Mes filles, mes filles, Anastasie, Delphine, je veux les voir. Envoyez-les chercher par la gendarmerie, de force ... Oh, les voir, les entendre ... Maisdites-leur quand elles seront là de ne pas me regarder froidement, comme elles font ... Je leur ai donné la vie, elles ne me donneront pas une heure, aujourd'hui... J'ai soif, j'ai faim, le cœur me brûle, elles ne viendront pas rafraîchir mon agonie, car je meurs, je le sens ...

Honoré de Balzac, *Le père Goriot*

# leçon 09

# 명령법

## l'impératif

# 명령법 l'impératif

## 9.1 명령법 현재

### 9.1.1 형태

■ 긍정명령문

| **ouvrir** 동사의 직설법 현재 | | | 명령법 (현재) |
|---|---|---|---|
| j' | ouvre | la porte | — |
| tu | **ouvres** | la porte | **Ouvre** la porte ! |
| il/elle | ouvre | la porte | — |
| nous | **ouvrons** | la porte | **Ouvrons** la porte ! |
| vous | **ouvrez** | la porte | **Ouvrez** la porte ! |
| ils/elles | ouvrent | la porte | — |

**주 의**

· 1군 동사의 명령법에서 2인칭 단수의 어미 s가 탈락한다.
Tu travailles mieux. → **Travaille** mieux !

· 3군 동사 aller, avoir, ouvrir, savoir, vouloir의 2인칭 단수에서 어미 s가 탈락한다.

| aller | avoir | ouvrir | savoir | vouloir |
|---|---|---|---|---|
| **va (vas-y !)** | **aie** | **ouvre** | **sache** | **veuille** |
| allons | ayons | ouvrons | sachons | veuillons |
| allez | ayez | ouvrez | sachez | veuillez |

· 이를 제외한 모든 2군 · 3군 동사의 명령법은 2인칭 단수에서 어미 s의 탈락이 없다.
**Finis** ton travail ! **Bois** de l'eau !

■ 부정명령문

| | | |
|---|---|---|
| **Dites** la vérité ! | → | **Ne dites pas** la vérité ! |
| **Passez-moi** le journal ! | → | **Ne me le passez pas** ! |
| **Ecoute-les** ! | → | **Ne les écoute pas** ! |
| **Vas-y** ! | → | **N'y va pas !** |
| **Donnes-en** ! | → | **N'en donne pas** ! |

■ 대명동사의 명령문 (예 : **s'asseoir** 동사)

| • 긍정명령문 | • 부정명령문 |
|---|---|
| Assieds-**toi** ! | **Ne** t'assieds **pas** ! |
| Asseyons-**nous** ! | **Ne nous** asseyons **pas** ! |
| Asseyez-**vous** ! | **Ne vous** asseyez **pas** ! |

주 의

・긍정명령문에서 동사와 인칭대명사나 중성대명사 사이를 trait d'union(-)으로 연결한다.
・2인칭 단수의 명령법 다음에 중성대명사 en이나 y가 오면 s가 탈락하지 않는다.
Vas-y ! Penses-y ! Manges-en ! Parles-en à Pierre !

## 9.1.2 용법

■ 명령・소원・충고・지시・기원 등을 표현할 때

**Ne bougez pas** ! (명령)

**Ecoute**, petite sœur ! (소원)

**Ne partez pas** ... **patientez** un peu ... la voilà ... (충고)

**Attachez** vos ceintures ! (지시)

**Faites**, ô mon Dieu, qu'il reconnaisse son erreur ! (기원)

주 의

・3인칭에 대한 명령은 접속법을 이용하기도 한다.
(Je veux) **Qu'elle parte** !

## 9.2 명령법 과거

### 9.2.1 형태

조동사 **avoir**나 **être**의 명령법 현재 + 과거분사

### 9.2.2 용법

미래의 어느 시점 이전에 완료되어야 하는 행위나 상태에 대한 요구를 명령할 때 명령법 과거가 쓰인다.

**Ayez fini** ce travail avant midi. (12시 이전에 이 일을 끝내주시오.)

**Un Français et un génie**

Un Français visite une grotte.
Il découvre une lampe, il la secoue et un génie sort de la lampe.
Celui-ci dit :
-Merci de m'avoir libéré, pour te remercier, je veux réaliser un de tes rêves.
Le Français répond :
-J'aimerais que tu construises un pont de la France jusqu'à Tahiti.
Le génie lui dit :
-Mais t'es fou, t'imagines tout le béton qu'il faudrait ! Demande autre chose !
Après quelques secondes d'hésitation, il répond :
-J'aimerais que l'équipe de France redevienne champion du monde de football et qu'elle le reste au moins 4 années consécutives.
Le génie lui dit :
-Tu le veux à 2 ou à 4 voies ton pont ?

// 프랑스어문법 //

# leçon 10

# 부정법

## l'infinitif

# 부정법 l'infinitif

부정법은 인칭이나 수의 변화 없이 동사의 원형을 그대로 사용하여 동사가 나타내는 의미만을 갖는다.

- 대명동사의 부정법 : Il faut **m'en aller**.
  Je veux **me coucher**.
- 부정문 : C'est dommage de ne **voir** personne.
  Tu es malade, le mieux est de ne pas **sortir**.

주의

- **ne + 부정법 + personne**
  **ne** voir **personne**, **ne** rencontrer **personne**
- **ne pas, ne jamais, ne rien, ne plus + 부정법**
  **ne rien** dire, **ne plus** s'être souvenu(e)(s)
  **ne pas** se pencher, **ne jamais** être allé(e)(s)

## 10.1 시제

### 10.1.1 부정법 현재

■ 동사 원형으로 주동사와의 동시성이나 미래를 나타낸다.

Je crois **comprendre.** (나는 내가 이해하고 있다고 생각한다.)

### 10.1.2 부정법 과거

| 조동사 **avoir**나 **être**의 부정법 현재 (동사 원형) + 과거분사 |
|---|

■ 부정법 과거는 주절의 시제보다 앞선 시제이다.

Je crois **avoir compris**. (나는 내가 이해했다고 생각한다.)

■ 전치사 **après 다음**에는 항상 **부정법 과거**가 온다.

Après **avoir déjeuné**, il travaille. (= Après qu'il a déjeuné,)

Je prendrai ce médicament après **être allée** chez le docteur et **lui avoir demandé** son avis.

■ **regretter de / espérer / reprocher de / se souvenir de** 등 + 부정법 과거

Elle m'a reproché de **ne pas lui avoir téléphoné**.

Je regrette de **ne pas l'avoir fait**.

■ **c'est dommage / bizarre / bien de** + 부정법 과거

C'est bizarre d'**avoir acheté** cette voiture.

■ 조동사의 선택과 과거분사의 일치는 복합시제와 같은 법칙을 따른다.

Je déjeunerai après m'**être lavé(e)**.

Tes enfants, je suis contente de les **avoir vus**.

## 10.2 용법

### 10.2.1 독립 문장에서 의문, 놀라움, 명령, 지침(요리책, 사용법, 표지판)의 의미를 나타내며 의문사와 함께 쓰이기도 한다.

Que **penser** ? (= Que faut-il penser ?) (의문)

Moi ? **Partir** pour la France ? (놀라움)

Ne pas **fumer**. (= Ne fumez pas) (명령)

**Prendre** 100 g de farine et **mélanger** avec deux œufs. **Ajouter** du sel. (지침)

Je ne sais comment y **aller**. (의문사와 함께)

### 10.2.2 명사적 용법으로 주어, 속사, 직접목적보어, 간접목적보어, 상황보어로 쓰인다.

**Renoncer** serait stupide. (= Il serait stupide de renoncer.) (주어)

Vouloir, c'est **pouvoir**. (속사)

Je désire **voyager**. (직접목적보어)

Elle commence à **parler**. (간접목적보어)

Manger et boire sont essentiels pour **vivre**. (상황보어)

Je suis enchantée de vous **voir**.

### 10.2.3 동사적 용법

■ 지각동사 **entendre, écouter, voir, regarder, sentir** 등 + 직접목적보어 + **inf.**

On entend les cloches **sonner**.
(자동사 : sonner 동사의 주어는 les cloches)

On voit les femmes **filer** la laine.
(타동사 : filer 동사의 주어는 les femmes)

Je l'ai vu **descendre** avec un sac lourd.
(자동사 : descendre 동사의 주어는 l')

■ **laisser + inf.** (방임동사)

Je laisse les enfants **entrer**. (자동사)

Je laisse ma fille **chanter** la chanson. (타동사)

■ **faire + inf.** (사역동사)

On fait **venir** cette fille. (자동사)

Je fais **lire** la lettre à ma fille. (타동사)

주 의

- 지각동사와 laisser / faire 동사와 함께 쓰이는 부정법의 동작주는 직접목적보어이다.
  Je **l'**ai entendu sortir. (= Je l'ai entendu qui sortait)
  Mon professeur **me** fait répéter chaque jour.
- 지각동사와 laisser / faire 동사 앞에 직접목적보어 인칭대명사가 놓인다.
  Je **l'**ai vu prendre le train.
  Il ne **les** laisse pas s'exprimer.
- 그러나 다른 동사들의 경우 목적보어 인칭대명사는 준조동사와 본동사 사이에 놓인다.
  J'adore **l'**écouter.

■ **aimer, préférer, détester, estimer, croire, penser, souhaiter, adorer, savoir, aimer mieux, il vaut mieux** 등 바램과 의지의 동사+**inf.**

J'aime **jouer** du piano.

Ils pensent **avoir fini** ce travail.

Il vaux mieux **réserver** avant d'y aller.

■ **c'est**+형용사+**à**+**inf.**, **Il est**+형용사+**de**+**inf.**

Le violon, c'est difficile à **étudier**.

Il est nécessaire d'y **aller** tout de suite.

■ 전치사 **à, de, pour, sans, après, avant de**+**inf.**

Sortez sans **faire** de bruit !

Elle travaille dans l'entreprise pour **avoir** une expérience professionnelle.

■ **aller, venir, monter, descendre, courir, sortir, partir** 등 움직임의 동사+**inf.**

Viens **t'asseoir** à côté de moi, on va **chanter** ensemble.

Il est sorti **acheter** des légumes.

■ **falloir, devoir, pouvoir, savoir, vouloir, oser, paraître, sembler** 등 준조동사+**inf.**

Elle n'a pas su **répondre**.

Il me semble le lui **avoir dit**.

주의

- 부정법은 명사로 대신할 수도 있다.
  le **dîner**, le **déjeuner**, le **boire**, le **manger** ...
  Il aime **lire**. → Il aime **la lecture**.

## Pour faire le portrait d'un oiseau

Peindre d'abord une cage
avec une porte ouverte,
peindre ensuite
quelque chose de joli,
quelque chose de simple,
quelque chose de beau,
quelque chose d'utile
pour l'oiseau,
placer ensuite la toile contre un arbre
dans un jardin,
dans un bois
ou dans une forêt,
se cacher derrière l'arbre
sans rien dire,
sans bouger...
Parfois l'oiseau arrive vite.
Mais il peut aussi bien mettre de longues années
avant de se décider.
Ne pas se décourager,
attendre...

Jacques PRÉVERT, *Paroles*

// 프랑스어문법 //

# leçon 11

# 접속법

## le subjonctif

# 접속법 le subjonctif

직설법이 사실을 객관적으로 표현하는 데 쓰이는 반면, 접속법은 말하는 사람의 감정이나 생각을 주관적으로 표현하며, 주로 종속절에서 사용된다.

## 11.1 접속법 시제별 형태

| | |
|---|---|
| 접속법 현재 | 직설법 현재 3인칭 복수의 어간 + 접속법 어미<br>(_e, _es, _e, ions, _iez, _ent) |
| 접속법 과거 | 조동사 avoir나 être의 접속법 현재 + p.p. |
| 접속법 반과거 | 직설법 단순과거 2인칭 단수에서 어미 s를 뺀 어간 + 접속법 반과거 어미<br>(_sse, _sses, _^t, _ssions, _ssiez, _ssent) |
| 접속법 대과거 | 조동사 avoir나 être의 접속법 반과거 + p.p. |

## 11.2 접속법 현재의 형태

| 1군 동사 **rester** (ils **rest**_) | |
|---|---|
| Il faut que je rest**e** | Il faut que nous rest**ions** |
| Il faut que tu rest**es** | Il faut que vous rest**iez** |
| Il faut qu'il/elle rest**e** | Il faut qu'ils/elles rest**ent** |
| 2군 동사 **finir** (ils **finiss**_) | |
| Il faut que je finiss**e** | Il faut que nous finiss**ions** |
| Il faut que tu finiss**es** | Il faut que vous finiss**iez** |
| Il faut qu'il/elle finiss**e** | Il faut qu'ils/elles finiss**ent** |

• 1군과 2군 동사의 1·2인칭 복수의 접속법 현재 변화는 직설법 반과거와 같다.

주 의

• 3군 동사의 접속법 현재 변화에서 특수형을 갖는 동사
**avoir, être, aller, vouloir, faire, savoir, pouvoir, falloir, valoir** 동사의 접속법 현재 어간이 직설법 현재 ils의 어간이 아닌 다른 형태를 취하는 것에 주의하여야 한다.

avoir : que j'aie, que tu aies, qu'il ait, que nous ayons, que vous ayez, qu'ils aient
être : que je sois, que tu sois, qu'il soit, que nous soyons, que vous soyez, qu'ils soient
faire : que je fasse ... que nous fassions ... qu'ils fassent
aller : que j'aille ... que nous allions ... qu'ils aillent
savoir : que je sache ... que nous sachions ... qu'ils sachent
vouloir : que je veuille ... que nous voulions ... qu'ils veuillent
pouvoir : que je puisse ... que nous puissions ... qu'ils puissent
valoir : que je vaille ... que nous valions ... qu'ils vaillent
falloir : qu'il faille

## 11.3 접속법 시제의 종류

접속법 시제는 주절의 시제에 달려 있다.

| 시 제 | 직설법 | 접속법 |
|---|---|---|
| 현 재 | Tu **connais** cette île | Je ne crois pas<br>que tu **connaisses** cette île, |
| 미 래 | et tu y **viendras** un jour. | ni que tu y **viennes** un jour. |
| 복합과거 | Elle **est arrivée** à Avignon hier ?<br>Elle **a** déjà **acheté** ses billets de théâtre ? | Je doute<br>qu'elle **soit arrivée** à Avignon hier,<br>qu'elle **ait acheté** ses billets de théâtre et |
| 전미래 | Elle **aura visité** la ville avant ce soir ? | qu'elle **ait visité** la ville avant ce soir. |
| 반과거 | Elle **était** à Arles ces derniers jours. | |
| 대과거 | Il **avait joué** autrefois au festival d'Avignon. | |

| 주 절 | 종속절 | 예 문 |
|---|---|---|
| 직설법 현재와 미래 (구어체) | 접속법 현재 (현재나 미래의 행위) | Je doute qu'il **ait** assez d'énergie.<br>Demain, j'exigerai que tu **sortes.** |
| | 접속법 과거 (과거나 미래의 완료적 행위) | Je doute qu'il **ait eu** assez d'énergie.<br>Demain, j'exigerai que tu **aies fini** ce travail à 17h. |
| 직설법 과거와 조건법 (문어체) | 접속법 반과거 (동시적 행위) | Je voudrais qu'il **eût** assez d'énergie. |
| | 접속법 대과거 (앞서 완료적 행위) | Je craignais qu'il ne **fût venu** pendant mon absence. |

## 11.4 용법

### 11.4.1 독립절에서 명령 · 희망 · 방어 · 가정을 나타낼 때

Qu'il **prenne** la voiture pour venir. (명령)

Que vos vacances **soient** heureuses. (희망)

Que rien ne **soit décidé** en mon absence. (방어)

Qu'il **ose** t'interrompre, et je saurai le faire taire. (가정)

### 11.4.2 비인칭 구문에서 판단 · 의혹 · 가능성을 나타낼 때

Il faut que tout le monde **travaille**. (판단)

Il est douteux que tout le monde **travaille**. (의혹)

Il est possible que Jules **ait réussi** à se libérer. (가능성)

Il semble que ce jeune homme **soit** un fils très obéissant.

주의

- 비인칭 구문 **C'est / Il est bien, important, impossible, intéressant, bizarre, curieux, étonnant ~ que + subj.**
  Il est important que tu **sois** là.
  Il est impossible qu'ils **se soient rencontrés** chez des amis.
  C'est bizarre qu'il ne **soit** pas là.
  C'est dommage qu'il ne vous les **ait** pas **présentés**.
- 비인칭 구문 **il est temps / il arrive / il se peut que + subj.**
  Il est temps que ma fille **apprenne** à conduire !

### 11.4.3 주절의 문장 형태에 따라

■ 의문문

Croyez-vous qu'il **revienne** ?

■ 부정문

Je ne crois pas qu'il **revienne**.

주 의

- **croire, penser, dire, espérer, trouver** 동사의 부정문이나 의문문은 종속절의 내용이 불확실한 경우 접속법을 요구하며, 의혹을 나타내는 부정문의 종속절도 접속법을 요구한다.
  Je ne pense pas qu'il **ait** neigé.
  Je ne trouve pas que tu **aies** raison.
  Je ne suis pas certain qu'il **fasse** très froid.
- 그러나 종속절의 내용이 확실한 경우 직설법을 사용할 수도 있다.
  Crois-tu qu'il **viendra** ?
  Je ne crois pas qu'il **viendra.**
- 확실성을 나타내는 긍정문의 종속절은 직설법을 사용한다.
  Il est vrai qu'il **revient.**
  Je suis certain qu'il **fera** beau.
  Je crois qu'il **va** guérir très vite.
  Il est probable qu'il **retournera** à Paris dans 3 jours.

### 11.4.4 주절의 동사가 의지 · 명령 · 희망 · 의혹 · 감정을 나타낼 때

Je veux qu'il **parte**. (의지)

J'ordonne qu'il **parte**. (명령)

Je souhaite qu'il **parte**. (희망)

Je crains qu'il (ne) **parte**. (ne는 허사) (의혹)

주 의

- **désirer, souhaiter ; douter, avoir peur ; s'attendre à[ce que], attendre ; aimer, redouter, regretter ; être heureux(fâché, étonné) ; défendre, empêcher, refuser que + subj.**
  J'attends que vous **ayez fini** ce travail.
  Il regrette que nous ne **soyons** pas **revenues** avant son départ.
- **espérer que + 직설법**
  J'espère que tout le monde **va** bien chez vous.
  J'espère qu'il **a pu** arriver à temps à la gare.

### 11.4.5 감정이나 판단(기쁨 · 회의 · 슬픔 · 희망) 등의 형용사가 이끄는 종속절에서 : être content (ravi, furieux, triste, enchanté, désolé) que+subj.

Ils sont contents que nous **partions** avec eux.

Je suis désolé(e) que vous ne **puissiez** pas venir.

### 11.4.6 종속절의 접속사구에 따라 시간 · 조건 · 목적 · 양보 · 대립을 나타낼 때

Elle a préparé le repas, avant qu'il (n')**arrive**. (시간)

Je sortirai à moins qu'il (ne) **pleuve**. (조건)

Je lui montre la lettre afin qu'il **sache** toute l'affaire. (목적)

Je sortirai bien que je **sois** malade. (양보 · 대립)

**주의**

- 시간 : avant que, jusqu'à ce que, en attendant que
- 이유 : de peur que, de crainte que (감정)
- 목적 : afin que, pour que, de manière que, de façon que, de sorte que, sans que
- 가정 · 조건 : à condition que, pourvu que, pour peu que, à moins que (ne)
- 대립 · 양보 : bien que, quoique, malgré que, encore que, quoi ~ que, qui ~ que

### 11.4.7 관계대명사절에서 선행사의 성질에 따라

■ 유일성

C'est le seul ami que j'**aie**.

■ 최상급

C'est le plus grand homme que je **connaisse**.

■ 부정문

Nous n'avons aucun ami qui **sache** le chinois.

// 프랑스어문법 //

# leçon 12

# 분사법

## le participe présent et le gérondif

# 분사법 le participe présent et le gérondif

분사는 동사적 형태이며, 동사의 성격을 가지면 상태나 행위를 나타내며, 형용사적 성격을 가지면 지속적인 성질을 나타낸다. 분사에는 현재분사와 과거분사가 있다. 현재분사는 어형불변이다.

## 12.1 현재분사

### 12.1.1 형태

직설법 현재 **nous**의 어간 + **ant**

regarder 동사 → nous **regard**-ons → **regardant**

Connais-tu des mots français **commençant** par « w » ?

주 의

- faire → faisant [fəzɑ̃]
- 현재분사에는 주절의 동사보다 앞서 이루어진 사실을 나타내는 복합시제의 형태인 ayant + p.p. / étant + p.p.가 있다.
  Les **ayant appelés** trop tard, je n'ai pas pu les joindre.

예외

- 모든 동사들 중에 avoir, être, savoir 동사의 현재분사만이 불규칙 형태이다.
  avoir → **ayant**, être → **étant**, savoir → **sachant**

### 12.1.2 용법

■ 주절의 동사와의 동시성 (관계절의 대용)

- 현재 : Je rencontre ma fille **venant** de l'école. (= qui vient)
- 과거 : J'ai rencontré ma fille **venant** de l'école. (= qui venait)
- 미래 : Je rencontrerai ma fille **venant** de l'école. (= qui viendra)

■ 종속절의 기능 : 현재분사는 주로 신문, 서신, 행정문서 등 문어체에서 사용된다.

- 동시성

  **Voyant** le danger, il n'osait pas avancer.
  (= Quand il voyait le danger,)

- 이유

  **Etant malade**, il ne pourra pas assister à la soirée.
  (= Comme il est malade,)

  **N'ayant pas reçu** de réponse, je me permets de vous recontacter.
  (= Etant donné que je n'ai pas reçu de réponse,)

- 조건

  **Travaillant** mieux, tu pourras réussir.
  (= Si tu travaille mieux,)

- 양보 · 대립

  **Mangeant** beaucoup, elle ne grossit pourtant pas.
  (= Bien qu'elle mange[접속법] beaucoup,)

## 12.2 제롱디프 Gérondif

### 12.2.1 형태

전치사 en + 현재분사

répondre → **en répondant**

**En répondant** mal à l'examinateur, il rougit.

### 12.2.2 특징

- 제롱디프는 일반적으로 긍정문의 형태로 쓰인다.
- 대립을 강조할 경우 제롱디프 앞에 "**tout**"를 붙인다.
- 제롱디프의 주어는 주절의 주어와 항상 같다.

### 12.2.3 용법

■ 동시성

Elle écoute de la musique **en lisant** *Les Misérables.*
(Elle écoute de la musique et elle lit *Les Misérables* en même temps.)

■ 방법

Complétez **en utilisant** des pronoms démonstratifs.

■ 이유

**En répondant** mal à l'examinateur, il rougit.
(= Parce qu'il répond mal à l'examinateur,)

■ 조건

**En dépensant** moins, je ferais des économies.
(= Si je dépensais moins,)

■ 대립

Tout **en faisant** un régime, elle ne maigrit pas.
(= Malgré le régime,)

### 12.2.4 현재분사와 제롱디프의 차이

■ 현재분사

J'ai rencontré ma fille **revenant** (= qui revenait) de l'école.
(나는 학교에서 돌아오는 내 딸을 만났다.)

■ 제롱디프

J'ai rencontré ma fille **en revenant** (= quand je revenais) de l'école.
(나는 학교에서 돌아오는 도중에 내 딸을 만났다.)

## 12.3 동사적 형용사

### 12.3.1 형태

- 동사적 형용사 : Voici des enfants **obéissants**.
- 현재분사 : Voici des enfants **obéissant** (= **qui obéissent**) à leurs parents.

### 12.3.2 특징

- 속사나 부사적으로 쓰임.
- 보어나 부사가 오지 않음.
- 계속적인 상태 · 성질을 나타냄.
- 수식하는 명사나 대명사의 성 · 수에 일치함.

### 12.3.3 현재분사와 동사적 형용사의 철자

| 동사 | 현재분사 | 동사적 형용사 |
|---|---|---|
| convaincre<br>fatiguer<br>provoquer | convain**quant**<br>fati**guant**<br>provo**quant** | convain**cant**<br>fati**gant**<br>provo**cant** |
| différer<br>exceller<br>négliger<br>précéder | différ**ant**<br>excell**ant**<br>négli**geant**<br>précéd**ant** | différ**ent**<br>excell**ent**<br>négli**gent**<br>précéd**ent** |

## 12.4 절대분사절

분사절이 그 자체의 주어를 갖는 것을 절대분사절이라 한다. 과거분사로 이루어진 절대분사절은 종속절로서 주절의 시제보다 앞섰거나 수동의 의미를 띠며, 이유 · 조건 · 시간 · 양보의 문장을 이룬다.

### 12.4.1 현재분사

■ 이유

Le voyage **ayant été** annulé, je suis resté à la maison.
(= Parce que le voyage a été annulé,)

■ 조건

Dieu **aidant**, nous y parviendrons.
(= Si Dieu aide,)

### 12.4.2 과거분사

■ 시간

Mes enfants **élevés**, je recommencerai à travailler.
(= Après que mes enfants seront élevés,)

■ 원인 · 양보

Le roi **mort**, son trône fut détruit.
(= Comme le roi était mort,)

# 문장 구성

01 부정문
02 의문문
03 접속사
04 수동태
05 화법

// 프랑스어문법 //

# leçon 01

# 부정문

## la négation

# 부정문 la négation

## 1.1 부정부사를 사용한 부정문

| 부 사 | 용 법 | 예 문 |
|---|---|---|
| non | · 부정의 대립<br>· 부정의 강조<br>· 단어에 대한 부정<br>· 두 그룹간의 대립 | Fait-il froid ce matin ? - **Non**.<br>Je ne le recevrai pas, **non**.<br>Devoir **non** remis.<br>Il l'a fait involontairement, **non** par intérêt. |
| ne ~ pas<br>ne ~ point | · 가장 흔히 쓰이는 부정문 | Il **n'**écoute **pas**. (단순시제)<br>Tu **n'**as **point** répondu. (복합시제) |
| ne ~ plus<br>ne ~ guère | · ne~pas désormais의 의미<br>· ne~pas beaucoup의 의미 | Il **ne** sort **plus** de chez lui.<br>Je **ne** le rencontre **guère**. |
| ne만 단독으로 사용될 경우 | · 몇몇 표현에서<br>· aucun, personne, rien, nul과 함께<br><br>· que ne는 pourquoi ne pas의 의미<br>· si 절에서 종종 pas가 생략된다.<br>· oser, pouvoir, savoir 동사의 부정문에서 pas가 생략된다. | Il y a plus d'une semaine qu'il **n'**a plu.<br>**Rien ne** lui plaît.<br>Il **n'**a **aucune** idée.<br>**Que ne** le lui aviez-vous dit ?<br>**Si** je **ne** me trompe, je l'entends arriver.<br>Il **n'**osait l'interrompre. |
| 허사의 ne | · craindre que + 허사의 ne + subj.<br><br>· empêcher que + 허사의 ne + subj.<br>· douter que + 허사의 ne + subj.<br>· de peur que, avant que, à moins que + 허사의 ne + subj.<br>· autre, autrement que와 비교의 que 다음에 | Je crains qu'il **ne** vienne.<br>Crains-tu qu'il **ne** vienne ?<br>Tu empêcheras qu'il **ne** s'éloigne.<br>Je ne doute pas qu'il **ne** se rétablisse.<br>Préviens-le avant qu'il **ne** soit trop tard.<br>Il est moins habile que je **ne** pense. |

**주 의**

· ne ~ que : seulement (= 단지)의 의미
Je **ne** bois **qu'**un café. (= Je bois uniquement un café.)

## 1.2 시간부사나 수량부사의 반대 표현을 사용한 부정문

- La boulangerie est **déjà** fermée.
  → La boulangerie **n'**est **pas encore** fermée.
- La boulangerie a **encore** du pain.
  → La boulangerie **n'**a **plus** de pain.
- Ce magasin est **toujours** plein.
  → Ce magasin **n'**est **jamais** plein.
  → Ce magasin **n'**est **pas toujours** plein.
- Philippe va **souvent (parfois)** au cinéma.
  → Philippe **ne** va **jamais** au cinéma.
  → Philippe **ne** va **pas souvent** au cinéma.
- Est-ce que vous avez **très** froid ?
  → Non, je **n'**ai **pas du tout** froid.

## 1.3 ne ~ ni ~ ni를 사용한 부정문

### ■ 속사일 경우

Ce n'est pas un parc et ce n'est pas un jardin.
→ Ce **n'**est **ni un** parc **ni un** jardin.

### ■ 직접목적보어의 관사가 정관사일 경우

Elle aime la bière et le whisky.
→ Elle **n'**aime **ni la** bière **ni le** whisky.

### ■ 직접목적어 보어의 관사가 부정관사일 경우

Il a un frère et une sœur.
→ Il **n'**a **ni** frère **ni** sœur.

**! 주 의**

- 반대어를 통한 부정문 : facile → **difficile**, clair → **obscur**
- 부정의 접두사를 사용한 부정문 :
  in_, im_, il_, ir_ : connu → **in**connu, régulier → **ir**régulier
  possible → **im**possible, légal → **il**légal
  dé_ : agréable → **dés**agréable
  mal_, mé_ : honnête → **mal**honnête, connu → **mé**connu
  a_ : normal → **a**normal

## 1.4 전치사 sans을 사용한 부정문

- sans + 명사

Il est sorti **sans** parapluie.
(= Quand il est sorti, il n'avait pas **de** parapluie.)

- sans + 동사

J'ai traduit cette lettre **sans** utiliser **de** dictionnaire. (de = 부정의 de)
(= je n'ai pas utilisé **de** dictionnaire.)

## 1.5 시제별 ne ~ pas의 위치

- 단순시제

Ce matin, je **n'**ai **pas** faim.
Je **ne** reviendrai **pas**.

- 복합시제

Je **ne** suis **pas** sorti.
Je **n'**ai **pas** vu ce film.

- 인칭대명사

Je **ne** lui ai **pas** téléphoné.
Elle **ne** leur parle **pas** de ces affaires.

- 부정법

Je t'ai dit de **ne pas** arriver en retard.
Elle m'a reproché de **ne pas** lui avoir téléphoné.

- 준조동사 + inf.

Je **ne** vais **pas** décorer la maison.
Il **ne** peut **pas** te montrer ces photos.

leçon 02

# 의문문

l'interrogation

# 의문문 l'interrogation

## 2.1 의문문

### 2.1.1 단순도치 의문문

주어가 인칭대명사일 때 : **Avez-vous** des enfants ?
주어가 중성대명사일 때 : **Est-ce** un crayon ?
복합시제일 때 : **A-t-elle perdu** son sac ?
의문사와 함께 : Quand **partez-vous** ?

주의

- ce sont ~ 과 1군동사 1인칭 단수의 의문문에는 단순도치형 의문문이 없다.
  ce sont ~ → **Est-ce que** ce sont ~ ?
  je parle ~ → **Est-ce que** je parle ~ ?

### 2.1.2 복합도치 의문문 : 주어가 고유명사이거나 명사일 때

Pauline **habite-t-elle** à Paris ? (elle habite → habite-**t**-elle ... ?)
Le train **arrive-t-il** en retard ? (il arrive → arrive-**t**-il ... ?)
Où vos amis **vont-ils** ?
Quelle est **votre nationalité** ?

주의

- 단순도치 의문문에서 동사와 주어 사이를 trait d'union(-)으로 연결한다.
- 동사나 조동사가 모음으로 끝나고 주어가 모음으로 시작할 경우 **-t-**가 동사와 주어 사이에 들어간다.
  Comment s'appelle-**t**-elle ?
  Va-**t**-elle en Chine ?
  Y a-**t**-il un train vers 8 heures ?

### 2.1.3 모든 평서문 앞에 est-ce que를 놓아 의문문을 만든다.

**Est-ce que** vous avez des enfants ?

**Est-ce que** c'est un crayon ?

**Est-ce qu'**elle a perdu son sac ?

**Est-ce que** Pauline habite à Paris ?

**Est-ce que** le train arrive en retard ?

Quand **est-ce que** vous partez ?

### 2.1.4 구어체에서는 평서문에 물음의 억양을 사용한다.

Vous avez des enfants ?

Le train arrive en retard ?

### 2.1.5 구어체에서는 의문문의 끝에 의문사를 놓기도 한다.

Vous cherchez **qui** ?
— Monsieur Dupont.

Vous cherchez **quoi** ?
— Mes clés.

Vous allez **où** ?
— A Rome.

Vous partez **quand** ?
— Demain.

## 2.2 의문형용사

### 2.2.1 형태

| 수 \ 성 | 남 성 | 여 성 |
|---|---|---|
| 단 수 | **quel** gâteau | **quelle** fleur |
| 복 수 | **quels** gâteaux | **quelles** fleurs |

## 2.2.2 용법

■ 속사 : 주어의 성 · 수에 일치한다.

**Quel** est cet homme qui attend ?
— Marc.

**Quelle** est votre profession ?
— Ingénieur.

■ 부가형용사 : 명사의 성·수에 일치한다.

**Quel** âge avez-vous ?
— J'ai vingt-deux ans.

De **quelle** ville êtes-vous ?
— Je suis de Versailles.

Vers **quelle** heure finis-tu ton travail ?
— Vers onze heures.

■ 간접의문문

Je ne sais pas **de quel** film vous parlez.

Il m'a dit **quels** amis il invite ce soir.

■ 감탄형용사

**Quel** idiot !

**Quel** beau temps !

**Quelle** chance tu as !

**Quelle** bonne soirée !

## 2.3 의문대명사

의문대명사는 사람과 사물에 대한 질문을 유도한다.

### 2.3.1 단순형의 형태와 용법

| | 주 어 | 속사 · 직접보어 | 간접보어 · 상황보어 |
|---|---|---|---|
| 사 람 | qui + 동사 ? | qui + 동사 + 주어 ? | à qui + 동사 + 주어 ?<br>avec qui + 동사 + 주어 ?<br>à qui est-ce que + 주어 + 동사 ? |
| | qui est-ce qui + 동사 ? | qui est-ce que + 주어 + 동사 ? | |
| 사 물 | qu'est-ce qui + 동사 ? | que + 동사 + 주어 ? | à quoi + 동사 + 주어 ?<br>avec quoi + 동사 + 주어 ?<br>à quoi est-ce que + 주어 + 동사 ? |
| | | qu'est-ce que + 주어 + 동사 ? | |

▪ **qui / qui est-ce qui** : 사람을 나타내며 **주어**로 쓰인다.

**Qui** a dit cela ? — C'est Marie.
= **Qui est-ce qui** a dit cela ?
**Qui** a l'adresse de Paul ? — C'est moi.

▪ **qui / qui est-ce que** : 사람을 나타내며 **속사나 직접목적보어**로 쓰인다.

속사 : **Qui** êtes-vous ? — Anne.
= **Qui est-ce que** vous êtes ?
직접목적보어 : **Qui** vois-tu à la fête ? — Personne.
= **Qui est-ce que** tu vois à la fête ? (Qui est-ce que = 누구를)

▪ **전치사 + qui / 전치사 + qui est-ce que** : 사람을 나타내며 **간접목적보어나 상황보어**로 쓰인다.

간접목적보어 : **A qui** parles-tu ? — Je parle à une amie.
= **A qui est-ce que** tu parles ?
상황보어 : **Devant qui** êtes-vous assis ? — Devant sa femme.
= **Devant qui est-ce que** vous êtes assis ?

▪ **qu'est-ce qui** : 사물을 나타내며 **주어**로 쓰인다.

**Qu'est-ce qui** se passe ? — Rien de spécial.
**Qu'est-ce qui** est sur la table ? — Des fruits.

■ **que / qu'est-ce que** : **사물**을 나타내며 **속사나 직접목적보어**로 쓰인다.

속사 : **Qu'**êtes-vous devenu ? — Je suis avocat.
= **Qu'est-ce que** vous êtes devenu ?

직접목적보어 : **Que** veut-il comme boisson ? — Un jus d'orange.
= **Qu'est-ce qu'**il veut comme boisson ? (Qu'est-ce que = 무엇을)

감탄문 : **Que** c'est beau !

**Qu'**elle est jolie !

**Qu'est-ce qu'**il fait chaud !

■ **전치사+quoi / 전치사+quoi est-ce que** : **사물**을 나타내며 **간접목적보어나 상황 보어**로 쓰인다.

간접목적보어 : **A quoi** penses-tu ? — A mes affaires.
= **A quoi est-ce que** tu penses ?

상황보어 : **Avec quoi** marches-tu ? — Avec une canne.
= **Avec quoi est-ce que** tu marches ?

■ **quoi**가 전치사 없이 **단독으로 주어나 직접목적보어**로 쓰인다.

**Quoi** de nouveau ? (quoi = 주어)

**Quoi** répondre ? (quoi = 직접목적보어)

 주의

- Qu'est-ce que c'est ? — C'est un verre de champagne.
Qu'est-ce que c'est que ça ? — Un disque de chansons d'amour.

## 2.3.2 복합형의 형태와 용법

| 성 / 수 | 남 성 | 여 성 |
|---|---|---|
| 단 수 | lequel<br>auquel<br>duquel | laquelle<br>à laquelle<br>de laquelle |
| 복 수 | lesquels<br>auxquels<br>desquels | lesquelles<br>auxquelles<br>desquelles |

■ 주어, 직접 · 간접목적보어, 속사, 상황 보어 등으로 쓰이며 **선택적**이다.

J'hésite entre ces deux chemises. Toi, **laquelle** préfères-tu ?
(= **quelle chemise** préfères-tu ?)

Qui est ce jeune homme ?
— **Lequel**, le petit ou le grand ?

Où sont les tasses ?
— **Lesquelles**, les tasses à thé ou à café ?

Il y a plusieurs guichets à la poste. **Auquel** je dois m'adresser pour acheter des timbres ? (= **À quel guichet** je dois m'adresser ?)

■ 앞서 나왔거나 뒤에 언급할 명사나 대명사를 대신하며 사람과 사물을 나타낸다.

Je voudrais un morceau de gâteau.
— Tu veux **duquel ?**
(= Tu veux **de quel gâteau ?**)

## 2.4 의문부사

### 2.4.1 combien (수량)

**Combien** de sortes d'élections y a-t-il ?

Il y a **combien** de sortes d'élections ?

**Combien** y a-t-il de sortes d'élections ?

C'est **combien**, cette robe ? (= Cette robe, c'est **combien** ?)
— 99 €.

■ **combien** 앞에 **전치사**가 올 수 있다.

**Depuis combien de** mois sont-ils en voyage ?

■ **combien de** 다음에 **보통명사 복수형**이, **물질명사나 추상명사 단수형**이 온다.

**Combien d'**enfants ont-ils ? (enfants = 보통명사 복수형)

**Combien d'**argent veut-il ? (argent = 물질명사 단수형)

■ 날짜를 물을 때 **combien** 앞에 정관사 **le**가 온다.

**Le combien** sommes-nous ?
— Nous sommes **le** 11 mars.

## 2.4.2 quand (시간 · 기간)

**Quand** retournes-tu au travail ?
— Demain.

**Quand** est-ce que tu prends le train ?
— Dans une heure.

■ quand 앞에 전치사가 올 수 있다.

**Depuis quand** êtes-vous en France ?
— Depuis l'année dernière.

**Jusqu'à quand** restez-vous en France ?
— Jusqu'à l'année prochaine.

주의

・기간을 나타낼 때 combien을 사용하기도 한다.
Combien de temps est-ce qu'il met entre Paris et Lyon ?
— Trois heures.
Depuis combien de temps es-tu là ?
— Depuis un an.

## 2.4.3 pourquoi (이유)

**Pourquoi** va-t-il à Londres ?
— **Parce qu**'il a une conférence.

**Pourquoi** est-ce qu'il va à Londres ?
— **Pour** voir son fils.

■ pourquoi 앞에 전치사가 오지 않는다.

■ pourquoi에 대한 대답은 parce que, car, puisque, pour로 한다.

**Pourquoi** pars-tu ?
— **Parce que** j'ai du travail.
— **Pour** mon travail.

## 2.4.4 où (장소)

**Où** habite-t-elle ?
— En Corée.

**Où** est-ce que Julie joue au tennis ?
— Dans la cour de l'école.

■ **où 앞에 전치사**가 올 수 있다.

**Par où** passez-vous ?
— Par le tunnel.

**D'où** pars-tu ?
— De la gare du Nord à Paris.

**D'où** est Picasso ?
— Il est de Malaga.

### 2.4.5 comment (형태 · 방법)

**Comment** est cette table ? (형태)
— Elle est ronde.

**Comment** est ce médecin ?
— Il est jeune, grand et blond.

**Comment** est-ce que tu viens à l'école ? (방법)
— A pied.

■ **comment** 앞에 전치사가 오지 않는다.

■ **"Comment vas-tu ? Comment allez-vous ? Comment ça va ?"** 등은 방법을 묻는 질문이 아니라 **인사의 표현**이다. 대답은 **"Je vais bien merci, et vous ?"**나 **"Ça va bien."**이다.

■ **comment**은 회화에서 되물을 때 쓰인다.

**Comment ?** Cette jeune fille est chinoise ? Mais elle parle bien le français !

## Docteur Knock

Knock - C'est vous la première, Madame ? Vous êtes bien de la commune ?

La dame en noir - Je suis de la commune, j'habite la grande ferme qui est sur la route de Luchère.

Knock - Elle vous appartient ?

La dame - Oui, à mon mari et à moi.

Knock - Vous devez avoir beaucoup de travail ?

La dame - Vous pensez, Monsieur : dix-huit vaches, deux bœufs, deux taureaux, le cheval et la jument, six chèvres, une bonne douzaine de cochons, sans compter la basse-cour.

Knock - Je vous plains ; il ne doit pas vous rester de temps pour vous soigner.

La dame - Oh ! non !

Knock - Et pourtant vous souffrez.

La dame - Ce n'est pas le mal, c'est plutôt de la fatigue.

Knock - Oui, vous appelez ça de la fatigue (il s'approche d'elle) : tirez la langue ; vous ne devez pas avoir beaucoup d'appétit.

La dame - Non.

Knock - Baissez la tête, respirez, toussez... vous n'êtes jamais tombée d'une échelle, étant petite ?

La dame - Je ne me souviens pas ...

Knock - Essayez de vous rappeler : ça devait être une grande échelle.

La dame - Ça se peut bien.

Knock - Vous vous rendez compte de votre état ?

La dame - Non.

Knock - Tant mieux ; vous avez envie de guérir ou vous n'avez pas envie ?

La dame - J'ai envie.

Knock - J'aime mieux vous prévenir tout de suite que ce sera très long et très coûteux.

La dame - Ah ! mon Dieu ! et pourquoi ça ?

Knock - Parce qu'on ne guérit pas en cinq minutes un mal qu'on traîne depuis quarante ans.

La dame - Depuis quarante ans ?

Knock - Oui, depuis que vous êtes tombée de votre échelle.

La dame - Et combien est-ce que ça me coûtera ?

Knock - Eh bien, cela vous coûtera à peu près deux cochons et deux veaux.

Jules ROMAINS, *Knock ou le Triomphe de la médecine*,
Acte II, scène IV

// 프랑스어문법 //

# leçon 03

# 접속사

## la conjonction

# 접속사 la conjonction

접속사는 낱말이나 절을 연결하는데 쓰이며 두 가지로 분류될 수 있다.

## 3.1 등위접속사

등위 접속사는 두 낱말이나 같은 기능을 지닌 두 절을 연결하며, "mais, ou, et, donc, or, ni, car" 등이 있다.

Il est riche, **mais** avare.

Préfères-tu aller au cinéma **ou** à la piscine ?

Je pense, **donc** je suis.
(donc는 문장 앞에 놓일 때는 접속사이나 그 외의 위치에서는 부사로 본다.)

Il fait très froid **et** les routes sont verglacées.

Ferme la fenêtre **car** il y a un courant d'air.

Il n'y a **ni** car **ni** train pour aller dans ce petit village.

**Or** le mal, partout, est présent.

## 3.2 종속접속사

단어 형태인 "comme, quand, que, si" 등과 접속사구의 형태인 "alors que, dès que, parce que, pour que" 등이 있다.

**Je pense que tu as tort.** : 종속접속사 "que"는 종속절 "tu as tort"를 이끌며 주절에 종속된다.

**Quand** il neige, nous pouvons skier.
**Si** tu préfères, tu peux venir avec moi.
**Depuis qu'**il est parti, tous sont tristes.
**Dès que** le jour se lève, les oiseaux chantent.

〈 몽마르트르 언덕의 테르트르 광장 〉

## Une ancienne coutume indienne

Phileas Fogg pense maintenant qu'il ne réussira pas à la sauver. Il ne sait pas ce qu'il va faire ; il suit quand même les gens qui avancent en chantant vers l'endroit où le grand feu de la mort est préparé. Là, on a mis un tas très haut de branches sèches, et, au milieu, on a installé le lit où le corps du vieux mari est étendu sous un drap noir. On couche la femme près de lui ; tous les chants s'arrêtent au moment où quelques hommes mettent le feu au bois. Alors, chose terrible ! on voit le mort se mettre debout, prendre la femme dans ses bras et avancer ainsi au milieu des gens. Tout le monde a poussé un grand cri de peur et est tombé le visage contre terre. À pas lents, le mort arrive près de Phileas Fogg et lui dit à l'oreille : « Partons vite ! ».

C'est Passepartout, caché sous le drap noir. Pendant les dernières minutes de la nuit, il a pu aller jusqu'au lit et se mettre dessous. Maintenant, avec son maître et l'Hindou, il court vers l'éléphant en emportant la jeune femme.

Mais déjà les gens ont levé la tête ; quand ils ont vu le vrai mort à sa place, ils ont tout compris. Ils se sont mis à courir vers les étrangers en leur jetant des pierres. Heureusement, l'éléphant part très vite et emporte les quatre personnes dans la forêt : elles sont sauvées.

Elles retrouveront le train à véifier. heure et seront à Calcutta sans retard. Dans le train, la jeune femme se réveille lentement. Elle est bien étonnée de se trouver dans un wagon avec deux hommes qu'elle ne connaît pas du tout.

Phileas Fogg lui explique en peu de mots ce qui s'est passé, ce qu'a fait Passepartout avec tant de courage. Elle le remercie de tout cœur et raconte son histoire :

« Je m'appelle Mrs. Aouda ; je suis la fille d'un riche commerçant de Bombay. Il y a quelques années, mon père et ma mère sont morts. Mes autres parents ont voulu me marier à un homme très vieux et je n'ai pas pu dire non. Quelques semaines après le mariage, mon mari est mort. Je devais être brûlée avec lui ; la famille de mon mari était bien contente parce que, de cette façon, elle gardait tout notre argent. »

En entendant de si tristes choses, Passepartout a presque envie de pleurer.

Jules Verne, *Le Tour du monde en quatre-vingts jours*

// 프랑스어문법 //

# leçon 04

# 수동태

## le passif

# 수동태 le passif

## 4.1 형태

능동태 : 주어 + 직접타동사 + 직접목적보어
수동태 : 주어 + **être p.p.** + **par(de)** + 동작주 보어

Angela **prépare** le repas.
(Angela: sujet, le repas: c.o.d.)

→ Le repas **est préparé par** Angela.
(Le repas: sujet, Angela: complément d'agent)

Le repas **est / sera / était / a été / avait été / va être / vient d'être préparé par** Angela.

## 4.2 수동태의 시제별 변화

Des amis **invitent** Marie.

| | | | |
|---|---|---|---|
| • 직설법 | 현재 | : | Marie **est invitée par** des amis |
| | 복합과거 | : | Marie **a été invitée par** des amis. |
| | 반과거 | : | Marie **était invitée par** des amis. |
| | 대과거 | : | Marie **avait été invitée par** des amis. |
| | 단순과거 | : | Marie **fut invitée par** des amis. |
| | 전과거 | : | Marie **eut été invitée par** des amis. |
| | 단순미래 | : | Marie **sera invitée par** des amis. |
| | 전미래 | : | Marie **aura été invitée par** des amis. |

- 조건법 현재 : Marie **serait invitée par** des amis.
  과거 : Marie **aurait été invitée par** des amis.
- 접속법 현재 : que Marie **soit invitée par** des amis.

**주 의**

- 수동태의 과거분사는 주어의 성 · 수에 일치한다.

## 4.3 유의사항

### 4.3.1 수동태의 주어는 능동태의 직접목적보어이어야 한다.

Jean **donne** des fleurs à Marie.
→ Des fleurs **sont données** à Marie par Jean.
('Marie est donnée des fleurs par Jean'이라는 문장은 없음)

### 4.3.2 능동태의 주어가 "on"일 경우 동작주 보어 "par on"은 생략된다.

On arrête cet homme. → Cet homme **est arrêté**.
On a annulé la réunion. → La réunion **a été annulée**.

**주 의**

- 일반적으로 par 다음에 강세형인칭대명사를 사용하지 않는다.
  Ce roman a été écrit par lui. → Il a écrit ce roman.
  → C'est lui qui a écrit ce roman.
  즉 "Cette photo a été prise par moi."의 경우 수동태를 사용하지 않고 능통태 "J'ai pris cette photo."를 사용한다.

### 4.3.3 간접타동사나 대명동사 중에 obéir à, se moquer de는 수동태가 될 수 있으나, avoir나 pouvoir 동사는 직접타동사이어도 수동태가 될 수 없다.

Elle **est pardonnée par** ses parents.
Il a peur d'**être moqué par** ses frères.

4.3.4 **수동태의 동작주 보어는 일시적이거나 구체적인 행위에서는 "par", 습관적 · 계속적이거나 추상적인 행위에는 "de"에 의해 이끌어진다. admirer, aimer, respecter, estimer, couvrir, accompagner, connaître, détester, mépriser, entourer 동사 등과 être orné (décoré, rempli, couvert, composé) 등의 동작주 보어는 "de"를 취한다.**

Elle **est connue de** tout son pays.

Ce président n'**est** pas **admiré de** tout le peuple.

Le panier **était rempli de** fruits.

4.3.5 **부정법(동사원형)은 준조동사 aller, devoir, pouvoir, sembler, paraître와 함께 쓰였을 때만 수동태가 이루어진다.**

On va **rénover** cette maison.
→ Cette maison va **être rénovée**.

Il doit bientôt **présenter** son projet.
→ Son projet doit bientôt **être présenté**.

4.3.6 **수동태는 역사적 사건, 연대 기입, 발명, 신문, 법률, 행정 용어 등에서 흔히 보어를 취하지 않고 사용된다.**

Henri IV **a été assassiné** en 1610.

La cathédrale **a été construite** au XIII[e] siècle.

L'écriture **a été inventée** en Mésopotamie.

Il **a été blessé** dans cet accident.

4.3.7 **se faire / se laisser + inf. : 수동의 의미를 나타낸다.**

Elle **se fait vacciner** contre la grippe chaque année.
→ Elle **est vaccinée** contre la grippe chaque année.

Elle **s'est laissé insulter** sans rien dire.
→ Elle **a été insultée** et elle n'a rien dit.

# leçon 05

# 화 법

## le discours rapporté

# 화법 le discours rapporté

화법에는 직접화법과 간접화법이 있다. **직접화법**은 어떤 사람의 말과 생각을 그대로 제 삼자에게 전달하는 방법을 가리키며, **간접화법**은 어떤 사람의 말과 생각을 전달동사(**dire, demander, croire, penser, répondre, déclarer** 등)를 사용하여 종속절의 형태로 제삼자에게 전달하는 방법이다.

## 5.1 시제의 전환

### 5.1.1 주절의 시제가 현재와 미래일 때 : 전시제 불변

- Il dit : "**Il pleuvra** demain." → Il dit qu'**il pleuvra** demain.
- Il lui dira : "**Je vous remercie**." → Il lui dira qu'**il la remercie**.

### 5.1.2 주절의 시제가 과거일 때

| 직 접 화 법 | | 간 접 화 법 |
|---|---|---|
| 현 재 | → | 반과거(과거에서의 현재) |
| 과 거 | → | 대과거(과거에서의 과거) |
| 미 래 | → | 조건법 현재(과거에서의 미래) |
| 전미래 | → | 조건법 과거(과거에서의 전미래) |

- Il lui a dit : "Mon voyage a été assez long."
  → Il lui a dit que **son** voyage **avait été** assez long.

### 5.1.3 직접화법에서 명령문은 간접화법에서 de + 부정법으로 바뀐다.

- Il lui demande : "**Ne reste pas** silencieux !"
  → Il lui demande **de ne pas rester** silencieux.
- Elle lui a demandé : "**Reviens** vite !"
  → Elle lui a demandé **de revenir** vite.

## 5.2 접속사와 의문사의 변화

| 직접화법 | 간접화법 | 직접화법 | 간접화법 |
|---|---|---|---|
| 평서문 | que ~ | qu'est-ce qui ? | ce qui |
| 의문문 | si ~ | qu'est-ce que ? | ce que |
| qui / qui est-ce qui ? | qui | 의문형용사와 의문부사는 어형변화가 없다. | |
| qui / qui est-ce que ? | qui | | |

## 5.3 주절의 시제가 과거일 때 시간과 장소의 부사 변화

| 직 접 화 법 | 간 접 화 법 | |
|---|---|---|
| aujourd'hui | ce jour-là, | le jour même |
| hier | la veille, | le jour précédent |
| demain | le lendemain, | le jour suivant |
| avant-hier | l'avant-veille | |
| après-demain | le surlendemain | |
| ce matin(soir) | ce matin(soir)-là | |
| hier soir | la veille au soir | |
| demain soir | le lendemain (au) soir | |
| maintenant | alors | |
| ici | là | |
| d'ici | depuis lors | |
| ceci | cela | |
| la semaine prochaine | la semaine suivante, | la semaine d'après |
| le mois dernier | le mois précédent, | le mois d'avant |
| il y a trois jours | trois jours avant, | trois jours plus tôt |
| dans trois jours | trois jours après, | trois jours plus tard |

## 5.4 인칭의 변화

간접화법의 주어, 소유형용사, 소유대명사 등은 주절의 주어인칭대명사에 따라 바뀌어야 한다.

- Elle dit : "**Je suis** fatiguée."
  → Elle dit **qu'elle est** fatiguée.
- Elle lui demande : "**Es-tu** content ?"
  → Elle lui demande **s'il est** content.
- Elle lui a demandé : "**Qui est-ce qui vous a donné** ce cadeau ?"
  → Elle lui a demandé **qui lui avait donné** ce cadeau.
- Elle lui a demandé : "**Qui est-ce que vous verrez** demain ?"
  → Elle lui a demandé **qui il verrait** le lendemain.
- Elle lui a demandé : "**Qu'est-ce qui t'est** arrivé hier ?"
  → Elle lui a demandé **ce qui lui était** arrivé la veille.
- Elle lui a demandé : "**Qu'est-ce que tu fais** aujourd'hui ?"
  → Elle lui a demandé **ce qu'il faisait** ce jour-là.
- Elle lui a demandé : "**Comment as-tu passé ta** journée ?"
  → Elle lui a demandé **comment il avait** passé **sa** journée.
- Elle lui a dit : "**Je reviendrai** dimanche prochain."
  → Elle lui a dit **qu'elle reviendrait** le dimanche suivant.
- Elle lui a dit : "**Je suis partie** dimanche dernier."
  → Elle lui a dit **qu'elle était** partie le dimanche précédent.

**주의**

- 간접화법에서 과거 시제의 요일 앞에는 반드시 정관사가 붙는다.
- 시간의 부사가 현재와 관련이 있다면 변화하지 않는다.

  Il m'a téléphoné **ce matin** pour me dire qu'il passerait me chercher **demain** à 11 heures.

  그러나

  Il m'a téléphoné **ce matin-là** pour me dire qu'il passerait me chercher **le lendemain** à 11 heures.

## Les citations célèbres

### Amitié

"Le silence est l'ami vrai qui ne trahit jamais." _ Confucious

"Toutefois l'amour vrai rare peut être, il est moins ainsi que l'amitié vraie." _ François Duc de La Rochefoucauld

"L'amitié est le mariage de l'âme, et ce mariage est exposé à divorcer." _ Voltaire

"L'amitié est un logement simple d'âme dans deux corps." _ Aristote

"Comment la sincérité peut-elle être un état de l'amitié ? Un goût pour la vérité à n'importe quel coût est une passion qui n'épargne rien." _ Albert Camus

### Vérité

"Trop de vérité nous étonne." _ Blaise Pascal

"Le vrai est trop simple, il faut y arriver toujours par le compliqué." _ George Sand

"Il est des vérités qui peuvent tuer un peuple." _ Jean Giraudoux

"Aime la vérité, mais pardonne à l'erreur." _ Voltaire

"La vérité est en marche, et rien ne l'arrêtera." _ Emile Zola

"La vérité est trop nue, elle n'excite pas les hommes." _ Jean Cocteau

"Le paradoxe, c'est le nom que les imbéciles donnent à la vérité." _ Paul Valéry

## Liberté

"Quiconque veut être libre l'est en effet." __ Jean-Jacques Rousseau

"Donner la liberté au monde par la force est une étrange entreprise pleine de chances mauvaises. En la donnant, on la retire." __ Jean Jaurès

"A l'instant où l'esclave décide qu'il ne sera plus esclave, ses chaînes tombent." __ Gandhi

"Une liberté qui ne s'emploie qu'à nier la liberté doit être niée." __ Simone de Beauvoir

"La liberté est le pouvoir de faire tout ce que les lois permettent." __ Charles de Montesquieu

"La liberté appartient à ceux qui l'ont conquise." __ André Malraux

"La liberté n'offre qu'une chance d'être meilleur, la servitude n'est que la certitude de devenir pire." __ Albert Camus

"Les Français n'aiment point la liberté ; l'égalité seule est leur idole." __ François-René de Chateaubriand

"Renoncer à sa liberté c'est renoncer à sa qualité d'homme, aux droits de l'humanité, même à ses devoirs." __ Jean-Jacques Rousseau

"Les Français ne sont pas fait pour la liberté, ils en abuseraient." __ Voltaire

"Un monde gagné pour la technique est perdu pour la liberté." __ Georges Bernanos

# 표 현

I 시간의 표현
II 이유의 표현
III 결과의 표현
IV 대립과 양보의 표현
V 목적의 표현
VI 조건과 가정의 표현

# Ⅰ. 시간의 표현 l'expression du temps

## 1 날짜나 시기와 관련하여 (발화자의 시점을 중심으로)

### 1.1 à, vers, à partir de, jusqu'à(jusque), dès, après, avant, au début de, à la fin de, au milieu de, de ~ à ~, 복합과거+il y a ~, 근접미래 / 단순미래 / 현재+dans

J'arrête de fumer **à partir de** demain.

Il reste **jusqu'à** vendredi.

Il devait partir une huitaine de jours **avant.**

**Au début des** années soixante, il avait un avenir brillant.

Il a eu un accident **il y a** trois jours.
(= **Ça fait** trois jours **qu**'il a eu un accident.)

Il a commencé la politique **vers** 18 ans, **il y a** environ 40 ans.

Nous rentrerons **dans** cinq jours.

### 1.2 hier, aujourd'hui, demain, avant-hier, après-demain, dans un mois, le lundi 3 février ...

Elle arrivera **demain matin**.

On va au cinéma **lundi prochain**.

Elle partira **dans trois semaines.**

### 1.3 il est temps de + inf., il est temps que + subj.

Les enfants, **il est temps d'**aller au lit ! (비인칭적 의미)

**Il est temps que** j'apprenne le subjonctif ! (사적인 의미)

## 2 시대와 관련하여 (발화자의 시점을 중심으로)

### 2.1 dernièrement, à cette époque, maintenant, bientôt, récemment, prochainement, à partir de maintenant, la veille, le lendemain ...

Patrick Bruel passera **prochainement** à l'Olympia.

## 3 다른 사건과 관련하여

### 3.1 주절의 동사보다 앞서 일어난 사실을 나타낼 경우 :

**avant, déjà, dès, quand, lorsque, après que, une fois que, dès que, aussitôt que, maintenant que, depuis que + ind.**

Je viendrais vous saluer **avant de** partir.

**Dès que** la pluie s'est arrêtée, nous sommes repartis à la plage.

### 3.2 주절의 동사와 동시에 일어난 사실을 나타낼 경우 :

**simultanément**

**au moment où, quand, lorsque, chaque fois que (= toutes les fois que), tant que, pendant que, aussi longtemps que, au fur et à mesure que + ind.**

Les deux accidents ont eu lieu **simultanément.**

Nous jouions au volley **au moment où** l'orage a éclaté.

**Lorsqu'**ils viendront à Lyon, nous les inviterons.

**Chaque fois qu'**elle vient, elle apporte un cadeau aux enfants.

Les enfants dormiront **pendant que** je travaillerai.

**Au fur et à mesure que** la journée avançait, les nuages arrivaient.

### 3.3 주절의 동사보다 후에 일어난 사실을 나타낼 경우 :

**après, puis, ensuite**

**avant que (avant de + inf.), jusqu'à ce que, en attendant que + subj.**

**Après** ce traitement, vous devriez aller mieux.

Il est arrivé à midi, il est reparti deux heures **après.**
(= deux heures plus tard)

Je lui téléphonerai **avant que** nous (ne) partions.

Il recommencera **jusqu'à ce qu'**il obtienne ce qu'il veut.

Prenons l'apéritif **en attendant qu'**ils reviennent.

### 3.4 앞절이 뒷절의 원인이 될 경우 :

**depuis, désormais, dorénavant ...**

**Depuis** le 15 août, la chasse est ouverte ; **désormais** vous pouvez y aller.

## 4 반복과 주기성을 나타낼 경우

### 4.1 chaque jour, tous les jours / mois, quotidiennement, annuellement, deux fois par jour / mois, périodiquement, parfois ...

**Périodiquement,** il avait des crises de paludisme.

**Chaque matin,** il faisait le tour du parc.

## 5 기간을 나타낼 경우

### 5.1 현재+depuis (que), pendant (que), tout(e), dans, pour, en, de, durant, sur, longtemps, au cours de, entre ~ et ~, d'ici, ça fait, avoir pour, être à, il y a (cela fait) ~ que+현재,

Tu vas mieux **depuis que** tu fais du sport.

Il a plu **pendant** une heure.

Il a plu **tout le mois de juillet.**
(= pendant tout le mois)

Il a plu **dans** la nuit.
(= pendant une partie de...)

Il est parti **pour** quelque temps.
(= pour un certain temps)

Il a construit son garage **en** une semaine.
(= il a mis une semaine pour construire son garage.)

Il resta **longtemps** bloqué par la montée rapide des eaux.

Il n'a pas eu que des succès **au cours de** sa carrière.

Démissionnera-t-il **d'ici** la fin de l'année ?

**Il y a (Cela fait)** deux heures **que** tu regardes la télévision.
(= Tu regardes la télévision **depuis** deux heures.)

**Être à** deux jours des vacances.
(= On est en vacances dans deux jours.)

**! 주의**

- **il y a ~ que, cela fait ~ que** 라는 표현은 문두에 오면, **depuis**와 같은 의미를 갖는다.
  Je suis là **depuis** trois jours.
  **Il y a** trois jours **que** je suis là.
  **Cela fait** trois jours **que** je suis là.
- **depuis**는 미래시제에서 쓰이지 않는다.
- 현재를 정확히 하기 위해 cette semaine, cette année, ce mois-ci를 사용한다.
- 현재와 관계없이 시기를 정확히 하기 위해 ce jour-là, ce mois-là, cette année-là를 사용한다.

 주 의

- 두 개의 주어가 같을 경우 **après + 부정법 과거** :
  **Après avoir parlé,** elle est sortie.
- 두 개의 주어가 같을 경우 **avant de + inf., en attendant de + inf.** :
  **Avant de partir**, il a téléphoné à ses amis.
- 하나의 접속사가 두 개의 절을 가져올 경우 접속사를 반복하여 사용하지 않고 **que만을 사용**한다.
  **Maintenant qu'**il a neigé **et que** les pistes sont ouvertes, on va pouvoir aller faire du ski.

## 6 빈도를 나타낼 경우

### 6.1 jamais, parfois, souvent, quelquefois, de temps en temps, toujours ...

Il **n'**oubliait **jamais** de lui envoyer des fleurs pour son anniversaire.

〈 센 강변 고서점가 〉

# II. 이유의 표현 l'expression de la cause

## 1 종속접속사가 이끄는 이유절

### 1.1 parce que, comme, puisque : 흔히 쓰이는 종속접속사이다.

■ 의문부사 **pourquoi ?**에 대한 물음에 **parce que**로 대답하며, 이유는 평범한 것이다. 공식적인 말에서 **parce que**는 문장 첫머리에 놓이지 않으며, **car**로 대체되기도 한다.

Pourquoi tu ne dis rien ?
— **Parce que** je n'ai rien à dire !

Il va voir le médecin **parce qu**'il a de la fièvre depuis plusieurs jours.

Il est fâché **parce que** tu ne l'as pas invité.
("parce que" 앞에는 쉼표를 사용하지 않는다.)

■ **car** : 문어체에서 쓰이며 금방 말한 것에 대해 부연 설명하는 경우에 쓰인다.

Il est fâché **car** personne ne l'a invité.

Ils avaient passé l'après-midi à bavarder au coin du feu **car** dehors il faisait très froid.

■ **comme** : 항상 문장 첫머리에 오며 이유를 강조한다.

**Comme** elle va mieux, nous pourrons partir.

**Comme** aujourd'hui c'est ton anniversaire, je t'invite au restaurant.

주 의

・car는 문장 첫머리에 오지 않는다.

・같은 종속접속사가 반복적으로 쓰일 경우 두 번째 절에서 **que**만 쓴다.
Je ne sortirai pas **parce qu**'il pleut **et que** je n'ai pas envie de sortir.
**Comme** il fait beau **et que** je suis en forme, sortons !

■ **puisque** : 일반적으로 대화자가 알고 있으며, 발화자에게 분명한 이유를 나타낸다.

**Puisque** vous insistez, j'accepte.

**Puisqu'**il fait beau, déjeunons sur la terrasse !

Tu devrais aller voir cette exposition **puisque** tu aimes Picasso.

### 1.2 étant donné que, du fait que : 보편적 이유를 나타내며 문장 첫머리나 결과 다음에 온다.

**Étant donné qu'**il a 18 ans, il peut passer le permis de conduire.

Les enfants ont dû rester à la maison **étant donné que** les instituteurs étaient en grève.

**Du fait** que tout le monde était fatigué, nous avons arrêté la réunion.

Le ministre a cessé ses fonctions **du fait qu'**il était très malade.

(**du fait que**는 구어체와 문어체에서 다 쓰인다.)

### 1.3 sous prétexte que : 가설을 나타낸다.

Il n'est pas venu **sous prétexte qu'**il était malade. [mais je ne le crois pas.]

Elle n'a pas voulu sortir **sous prétexte qu'**il faisait trop froid.

## 2 전치사나 전치사구를 사용하는 이유의 문장

### 2.1 grâce à+명사/대명사 : 결과가 긍정적일 때 쓰인다.

J'ai réussi cet exploit **grâce à** mon courage et **à** mon entraîneur.

Elle a trouvé un appartement **grâce à** des amis qui travaillent dans une agence.

### 2.2 à cause de+명사/대명사 : 일반적으로 결과가 부정적일 때 쓰인다.

On est arrivés en retard au théâtre **à cause de** lui.

Le match n'a pas eu lieu **à cause du** mauvais temps.

### 2.3 en raison de＋명사 : 결과가 긍정적이지도 부정적이지도 않은 이유를 나타내며 문어체에서 쓰인다.

Le magasin sera fermé **en raison des** vacances de Pâques.

- à cause **de** / en raison **de** / grâce **à** + 정관사 등은 축약관사를 사용한다.
  à cause du, de la, des / grâce au, à la, aux.
- 전치사구가 반복하여 쓰일 경우 두 번째 이유에서 전치사 **de**나 **à**만 반복하여 사용한다.
  Il a pu réussir **grâce à** elle **et à** quelques amis.
  On est arrivés en retard **à cause de** lui **et des** embouteillages.
  La route est interdite à la circulation **en raison de** la neige **et du** verglas.

### 2.4 étant donné / du fait de＋명사 : 누구나 아는 이유를 나타낸다.

**Étant donné** la pollution dans les grandes villes, les gens préfèrent aller vivre en province.

**Étant donné que** les loyers ne cessaient d'augmenter, j'ai quitté Paris pour la banlieue.

Ils sont allés vivre en banlieue **du fait de** l'augmentation des loyers en centre ville.

### 2.5 faute de(= par manque de) / à force de＋명사 / inf., vu＋명사

Il n'est pas venu **faute de** temps.

**À force de** manger, tu vas devenir énorme.

**Vu** l'état des routes, il vaut mieux ne pas partir.

## 3 연결 낱말을 사용하는 이유의 문장

### 3.1 en effet : 문어체와 구어체에서 다 쓰이며 금방 말한 것에 대해 부연 설명하는 경우에 쓰인다.

Ils commencèrent à se dépêcher ; **en effet** le ciel s'assombrissait et annonçait un orage.

Tu es pressé ?
— **En effet**, je suis en retard ; j'ai un rendez-vous.

# Ⅲ. 결과의 표현 l'expression de la conséquence

## 1 종속접속사가 이끄는 결과절

### 1.1 si bien que, tant et si bien, de sorte que, à tel point que, au point que + ind.

▪ **si bien que / tant et si bien que + ind.**

Il ment beaucoup **si bien que** personne ne croit ce qu'il dit.

Il s'est opposé au gouvernement **tant et si bien qu'**il a dû démissionner.

▪ **de sorte que + ind. : si bien que**와 같은 의미를 갖고 있으나 결과가 분명하다.

Il conduisait sans permis **de sorte qu'**il a été condamné à la prison.

▪ **à tel point que / au point que + ind.**

Le dossier était incomplet **à tel point que** le journal a reçu beaucoup de lettres de protestation.

Les fêtes m'ont fatigué **au point que** je suis tombé malade.

### 1.2 si, tant que, tellement, assez / trop (de) ~ pour que + ind. : 강도를 나타낸다.

▪ **si** : 형용사, 부사, 동사의 의미를 강조한다.

Elle était **si** généreuse **que** tout le monde l'aimait.

Il conduit **si** vite **que** personne ne veut monter dans sa voiture.

J'étais **si** en colère **que** je suis parti sans dire au revoir.

■ **tant que + ind., tant de + 명사** : 동사에 양적인 의미를 부여한다.

Il pleut **tant que** les champs sont inondés.

Ils ont fait **tant de** bruit **que** les voisins se sont plaints.

■ **동사 + tellement + 형용사 / 부사 + que, tellement de + 명사 + que** : 형용사, 부사, 동사의 의미를 강조하거나 명사에 양적인 의미를 부여한다.

Je suis **tellement** fatigué **que** je vais me coucher.

Ils habitent **tellement** loin **que** nous ne les voyons pas souvent.

On s'est **tellement** amusés **qu'**on n'a pas vu qu'il était très tard.

Il a **tellement** mal **qu'**il crie.

Il y a **tellement de** choses à visiter **qu'**on doit faire des choix.

■ **assez / trop (de) + 명사 / 형용사 / 부사 + pour que + subj.**

Ce n'est pas **assez** beau **pour qu'**elle l'achète.

Il y avait **trop de** neige **pour qu'**on prenne la voiture.

Vous marchez **trop** vite **pour que** je puisse vous suivre.

주 의

・두 절의 주어가 같을 경우 **assez / trop (de) ~ pour que**는 **trop (de) / assez (de) ~ pour + inf.**로 대체된다.
Il a **trop** bu **pour** conduire.

・하나의 접속사가 두 개의 절을 가져올 경우 접속사를 반복하여 사용하지 않고 **que**만 쓴다.
Nous sommes arrivés en retard **si bien que** nous avons raté le début du film **et que** nous n'avons rien compris.

## 2 연결접속사가 이끌거나 연결 낱말들이 오는 결과의 표현

### 2.1 alors, donc : 원인과 결과 사이에 논리적 연결을 나타내며, 결과는 분명한 듯이 보인다.

■ **alors** : 구어체에서 쓰인다.

Il pleut, **alors** je reste à la maison.

On n'avait pas d'argent, **alors** on n'a pas pris de vacances.

■ **donc** : 구어와 문어체에서 쓰인다.

Ce travail ne m'intéressait plus, **donc** j'ai démissionné.

Vous avez rendu une feuille blanche à l'examen ; **donc** vous n'aviez pas appris votre cours.

### 2.2 c'est pourquoi, c'est pour cela que, c'est pour ça que, c'est la raison pour laquelle : 이미 설명한 원인을 강조하면서 결과를 논리적으로 나타낼 경우에 쓰이는 연결 표현들이다.

■ **c'est pour cela que** : 구어체와 문어체에서 쓰인다.

J'étais malade, **c'est pour cela que** je ne suis pas venue travailler.

Leurs produits sont de moins en moins exportés. **C'est pour cela qu'**ils ont de gros problèmes financiers.

■ **c'est pour ça que** : 오직 구어체에서 쓰인다.

Il pleuvait, **c'est pour ça qu'**on est rentrés très vite.

Je dormais, **c'est pour ça que** je n'ai pas entendu le téléphone.

■ **c'est pourquoi, c'est la raison pour laquelle** : 문어체, 특히 행정문서에서 쓰인다.

Le prix du pain avait augmenté. **C'est pourquoi** le peuple se révoltait.

Ce film contenait des éléments racistes ; **c'est la raison pour laquelle** il a été censuré.

### 2.3 par conséquent, en conséquence : 문어체와 공문서에서 쓰인다.

Lundi est un jour férié ; **par conséquent (en conséquence)** notre banque sera fermée du vendredi 17 heures au mardi 9 heures.

### 2.4 aussi, ainsi : 행위(= aussi)나 행위의 방법(= ainsi)이 가져오는 결과를 나타낸다.

Il s'est opposé au régime, **aussi** a-t-il été obligé de quitter le pays. [aussi il a été ...]

Il s'est enfui à l'étranger ; **ainsi** a-t-il échappé aux poursuites. [ainsi il a échappé ...]

· **aussi**와 **ainsi**는 특히 문어체에서 쓰이며 절의 첫머리에 놓일 경우 주어와 동사가 도치된다.

# Ⅳ. 대립과 양보의 표현
## l'expression de l'opposition et de la concession

## 1 대립

두 개의 절이 다소 대립적인 사실을 나타낸다.

### 1.1 종속접속사가 이끄는 대립절

■ alors que, tandis que : 가장 흔히 쓰이는 종속접속사이며 대립절에서 쓰인다.

En France, on boit généralement du vin, **alors qu'**en Allemagne on préfère la bière.
Il adore le théâtre, **tandis que** je le déteste.

■ tandis que, pendant que : 기간을 나타내는 대립절에서 쓰인다.

Ils regardaient la télévision **tandis qu'**elle lisait.
**Pendant que** je travaillais sur ma thèse, ils étaient à la montagne où ils skiaient.

### 1.2 전치사구가 오는 대립 문장

■ au lieu de + inf. / 명사

**Au lieu de** reconnaître ses torts, il a été agressif.
Elle a préféré un livre d'art **au lieu d'**un disque de jazz.

■ contrairement à + 대명사 / 명사

**Contrairement à** lui, je n'aime pas la peinture moderne.
Ce quartier de la ville est désert, **contrairement aux** autres quartiers toujours animés.

### 1.3 연결접속사가 이끌거나 연결낱말이 오는 대립 문장

▪ **mais**

Il m'a promis de venir **mais** il est allé voir son frère.

▪ **au contraire**

Elle aime sortir en ville. Lui, **au contraire**, aime recevoir des amis chez lui.

▪ **en revanche, par contre** : 대립을 강하게 나타낸다.

Elle attirait par sa beauté ; **en revanche** elle était critiquée pour son caractère.
(en revanche : 보다 품위 있는 표현)

Il n'aime pas les légumes ; **par contre** il adore les pâtes.
(par contre : 좀 더 친근한 표현)

## 2 양보

하나의 절이 다른 절에 방해로 작용하는 것을 말한다. 양보를 나타내는 표현은 대립과 억제의 의미를 담고 있다.

### 2.1 종속접속사가 이끄는 양보절

▪ **bien que / quoique + subj.**

**Bien qu'**il pleuve, je vais me promener.

Il ne fut pas reconnu à son époque, **quoiqu'**il ait eu du talent.

▪ **même si + 직설법 현재나 복합과거, quitte à + inf.** : 대립과 조건을 나타낸다.

**Même si** vous habitez loin, vous pouvez venir me voir.

Elle préfère voyager en première classe, **quitte à** payer plus cher.

주 의

- **même si**는 조건과 가정을 나타낼 수도 있다.
  **Même si** elle souffrait, elle ne se plaignait pas.
  **Même s'**il avait de l'argent, il ne m'en prêterait pas.
  Il ne nous aurait rien dit, **même s'**il l'avait su.

■ **sans que + subj.** : 부정의 의미를 나타낸다.

Elles sont venues **sans que** je les aie invitées.
= Elles sont venues **bien que** je ne les aie pas invitées.

주 의

- Il est entré **sans** avoir frappé à la porte.
  (두 개의 주어가 같을 경우 sans + inf.)

## 2.2 전치사나 전치사구로 표현되는 양보 문장

■ **malgré / en dépit de / sans + 명사 / 대명사**

**Malgré** son air farouche, c'est un gentil garçon.

**Malgré** sa fatigue, il vient travailler.

*Le Médecin* **malgré** lui (Molière의 작품명).

**En dépit de** l'indifférence qu'elle lui montrait, il ne cessait de l'aimer.

Ils sont sortis **sans** l'autorisation de leur père.

## 2.3 연결접속사가 이끌거나 연결낱말이 오는 양보 문장

■ **mais, pourtant, cependant** : 구어체에서 흔히 쓰이는 연결낱말이다.

C'est un homme très occupé, (et) **pourtant**, il a pris le temps de me répondre longuement.

Je suis d'accord avec vous ; **cependant**, je voudrais ajouter quelques nuances.

■ **néanmoins, toutefois** : 문어체에서 쓰이는 연결낱말이다.

Beaucoup de mesures ont été prises pour réduire le chômage. **Néanmoins (Toutefois)**, il ne cesse d'augmenter.

C'est un homme intelligent ; **toutefois**, il n'est pas compétent dans ce domaine.

- pourtant은 mais보다 의미가 강하다.
- toutefois = cependant = néanmoins은 단순 제약을 나타낸다.

### ▪ quand même = tout de même

Il pleut, mais je sortirai **quand même**.

Cet exercice l'ennuie, mais il le fera **tout de même**.

## 2.4 동사구로 나타내는 양보 문장

### ▪ avoir beau + inf. (= s'efforcer vainement)

Elle **a beau** crier, personne ne l'entend.

J'**ai beau** lui expliquer, il ne comprend rien.

〈 몽마르트르 언덕에서 내려다 본 파리 지붕 〉

# V. 목적의 표현 l'expression du but

목적을 나타내는 표현은 종속접속사, 전치사, 전치사구, 연결 낱말 등을 사용하며, 종속접속사가 이끄는 종속절에는 접속법이 온다. 원하는 결과는 나타날 수 있으나 확실하지 않다.

## 1 종속접속사가 이끄는 절

### 1.1 pour que / afin que + subj. (pour que = afin que)

Ses parents l'ont envoyé très jeune en France **pour qu'**il puisse bien parler la langue.

La bibliothèque ouvre toute la journée, **afin que** les étudiants puissent travailler facilement.

### 1.2 pour que ~ ne + subj. + pas, de peur (= crainte) que + subj. : 피하고 싶은 목적을 나타낸다.

Ils parlaient bas **pour qu'**on **ne** les entende **pas**.

Nous partirons tôt **de peur qu'**il (n')y ait des embouteillages.

Ils refusent d'offrir une moto à leur fils, **de crainte qu'**il (n')ait un accident.

### 1.3 que + subj. : 구어체에서 명령법 다음에 쓰인다.

Éteins la télévision, **que** je puisse dormir ! (= pour que je puisse ...)

## 2 전치사나 전치사구로 표현되는 목적의 문장

### 2.1 pour / afin de / pour ne pas / de crainte de / de peur de + inf.

Elle est venue **pour** s'excuser.

La réunion a été organisée **afin de** permettre à tout le monde de donner son opinion.

Il parle doucement **pour ne pas** réveiller le bébé.

Nous avons vérifié les informations, **de crainte de** faire une erreur.

Je lui ai téléphoné avant de partir **de peur de ne pas** le trouver chez lui.

### 2.2 pour / de peur de + 명사

Elle a mis de l'argent de côté **pour** ce voyage.

Ils ne sont pas sortis en bateau **de peur d'**une tempête.

### 2.3 de façon à / de manière à + inf.

Préparez votre valise maintenant, **de façon à** être prêts à temps.

### 2.4 de façon que / de manière à ce que + subj.

Mes parents ont gardé les enfants **de manière à ce que** nous puissions faire les courses en paix.

## 3 연결 낱말이 오는 목적의 문장

### 3.1 histoire de + inf. : 구어체에서 쓰인다.

Je vais marcher au bord de la mer, **histoire de** me détendre un peu.

- 두 개의 동사의 주어가 같을 경우 **pour que, afin que, de peur que** 등은 **pour, afin de, de peur de + inf.**로 대체된다.
  On a mis un canapé-lit dans le salon **pour** y **faire** dormir nos amis de passage.
  J'ai pris de l'aspirine **de peur d'avoir** mal à la tête.
  Elle rentre sur la pointe des pieds **pour ne pas** les **réveiller**.
- 동일한 접속사가 두 개의 절을 가져올 경우 접속사를 반복하여 사용하지 않고 **que**만을 사용한다.
  Je t'appellerai dès mon arrivée **pour que** tu ne t'inquiètes pas **et que** tu dormes tranquillement.

# VI. 조건과 가정의 표현
## l'expression de la condition et de l'hypothèse

## 1 조건

조건의 표현은 결과적으로 다른 사실과 상태가 존재하도록 또 하나의 사실과 상태가 필수적인 것을 나타낸다.

### 1.1 직설법 현재가 오는 si가 이끄는 절

■ 조건이 현재에 있으며 결과는 미래에 있다.

**S'**il **fait** beau, on **ira** à pied.

**Si** vous **acceptez** notre offre, nous **signerons** le contrat dès demain.

■ 조건과 결과가 미래에 있다.

**Si** j'**ai** de l'argent [demain], je t'**inviterai** au restaurant.

### 1.2 접속법이 오는 종속접속사가 이끄는 절

■ pourvu que + subj.

Nous ferons du ski **pourvu qu'**il y ait de la neige.

■ à condition de + inf., à condition que ~ (ne) + subj.

Il fera ce travail, **à condition d'**être payé à l'avance. (주어가 같을 경우)

Elle viendra, **à condition que** Simon ne soit pas là ! (주어가 다를 경우)

■ **à moins de + inf., à moins que ~ (ne) + subj.**

Impossible de trouver un billet d'avion, **à moins de** voyager en première classe. (주어가 같을 경우)

Sophie ne viendra pas, **à moins que** ses parents (ne) puissent garder les enfants. (주어가 다를 경우)

■ **sinon**

J'espère qu'il y aura de la place dans le train de 8 heures 07. **Sinon**, je prendrai celui de 9 heures 13.

■ **sauf si**

Ils ne déménageront pas, **sauf si** Paul trouve un travail dans une autre ville.

■ **avec ≠ sans**

**Sans** ton aide, je n'aurais jamais pu finir à temps !
(= si tu ne m'avais pas aidé,)

**Avec** un peu d'argent et un peu de temps, on y arrive !

■ 제롱디프

**En travaillant**, tu ferais des progès !
(= si tu travaillais,)

## 2 가정

가정의 표현은 가상의 사실이나 상태를 나타내며 경우에 따라 그 결과가 불확실하다.

### 2.1 조건법 현재와 과거를 참조하라.

■ 가정과 결과가 미래에 있다.

**Si** vous **veniez** me voir [demain, dans un mois], ça me **ferait** plasir [alors].

■ 가정과 결과가 현재에 있다.

**Si** j'**avais** de l'argent sur moi [là, maintenant], je te le **prêterais** [là, maintenant].
(mais je n'en ai pas ...)

■ 가정과 결과가 과거에 있다.

**Si** vous **étiez venus** [hier], vous m'**auriez** fait plaisir [à ce moment-là].
(mais vous n'êtes pas venus ...)

■ 가정이 과거에 있고 결과는 현재에 있다.

**Si** j'**avais touché** ma bourse [hier], je t'**aurais invité** à dîner [maintenant].
(mais je ne l'ai pas touchée ...)

■ 가정이 일시적이며 결과는 과거에 있다.

**Si** j'**avais été** moins distrait, je n'**aurais** pas **eu** cet accident.
(mais j'ai été distrait donc j'ai eu ...)

## 2.2 종속접속사가 이끄는 가정절

■ **au cas où + cond.**

Prends ta clé, **au cas où** je **serais** obligé de sortir !

**Au cas où** il n'y **aurait** pas de taxis, appelez-nous de la gare.

■ **en cas de + 명사**

**En cas d'**urgence, appelez le 15.

■ **en admettant que + subj.**

**En admettant que** tu **sois** rentré à 18 heures, nous irons au concert ce soir.

■ **en supposant que + subj.**

**En supposant** que vous la **rencontriez**, ne lui parlez pas de moi.

Même **en supposant que** le train **soit** à l'heure, elle n'arrivera jamais à temps à son rendez-vous !

## Le cancre

Il dit non avec la tête
Mais il dit oui avec le cœur
Il dit oui à ce qu'il aime
Il dit non au professeur
Il est debout
On le questionne
Et tous les problèmes sont posés
Soudain le fou rire le prend
Et il efface tout
Les chiffres et les mots
Les dates et les noms
Les phrases et les pièges
Et malgré les menaces du maître
Sous les huées des enfants prodiges
Avec des craies de toutes les couleurs
Sur le tableau noir du malheur
Il dessine le visage du bonheur.

Jacques Prévert, *Les Paroles*

# 어 휘

Ⅰ 어형의 변화
Ⅱ 주요 반대어
Ⅲ 기본 숙어
Ⅳ 주요 동사구
Ⅴ 주요 전치사(구)
Ⅵ 기 타

# Ⅰ. 어형의 변화

## 1. 동사 - 명사

accomplir — accomplissement
acheter — achat
achever — achèvement
admirer — admiration
appliquer — application
arriver — arrivée
attendre — attente
augmenter — augmentation
blesser — blessure
changer — changement
choisir — choix
comparer — comparaison
conduire — conduite
connaître — connaissance
construire — construction
décider — décision
déclarer — déclaration
découvrir — découverte
défendre — défense
demander — demande
détruire — destruction
diviser — division
employer — emploi
enseigner — enseignement
espérer — espérance

expliquer — explication
exprimer — expression
émouvoir — émotion
établir — établissement
exister — existence
faire — fait
fermer — fermeture
interdire — interdiction
inventer — invention
jouer — jeu
lancer — lancement
lier — liaison
lire — lecture
manquer — manque
marier — mariage
mentir — mensonge
mettre — mise
mourir — mort
offrir — offre
organiser — organisation
partir — départ
passer — passage
penser — pensée
permettre — permission
plaire — plaisir

poser — position
prendre — prise
préparer — préparation
produire — production
publier — publication
promener — promenade
promettre — promesse
punir — punition
réaliser — réalisation
recevoir — réception
répéter — répétition

répondre — réponse
résister — résistance
réunir — réunion
sentir — sentiment
sortir — sortie
souffrir — souffrance
tâcher — tâche
traduire — traduction
vendre — vente
vivre — vie
voir — vue

## 2. 형용사 - 명사

actif — activité
beau — beauté
chaud — chaleur
clair — clarté
curieux — curiosité
différent — différence
doux — douceur
élégant — élégance
facile — facilité
grand — grandeur
haut — hauteur
important — importance
impossible — impossibilité
jeune — jeunesse
juste — justice
large — largeur

libre — liberté
long — longueur
malade — maladie
patient — patience
pauvre — pauvreté
poli — politesse
possible — possibilité
profond — profondeur
public — public
puissant — puissance
réel — réalité
riche — richesse
sensible — sensibilité
tendre — tendresse
vieux — vieillesse
vrai — vérité

# II. 주요 반대어

## 1. 명사

absence — présence
admiration — mépris
amour — haine
arrivée — départ
avance — retard
bien — mal
bruit — silence
cause — effet
clarté — obscurité
comédie — tragédie
commencement — fin
danger — sécurité
désespoir — espoir
désordre — ordre

entrée — sortie
exportation — importation
futur — passé
gloire — honte
guerre — paix
jeunesse — vieillesse
majorité — minorité
maximum — minimum
mensonge — vérité
naissance — mort
pauvreté — richesse
plaisir — peine
profit — perte
vertu — vice

## 2. 형용사

étroit — large
absent — présent
adroit — maladroit
ancien — nouveau
bas — haut
beau — laid
bon — mauvais

chaud — froid
courageux — lâche
court — long
différent — semblable
droit — gauche
extérieur — intérieur
épais — mince

facile — difficile
faible — fort
faux — vrai
gai — triste
grand — petit
heureux — malheureux

humide — sec
jeune — vieux
léger — lourd
mort — vivant
patient — impatient
pauvre — riche

### 3. 동사

abandonner — garder
acheter — vendre
admirer — mépriser
affirmer — nier
aimer — détester
apparaître — disparaître
arriver — partir
augmenter — diminuer
avancer — reculer
baisser — lever
cacher — montrer
céder — résister
cesser — continuer
commencer — finir
construire — détruire

couvrir — découvrir
croire — douter
descendre — monter
exporter — importer
étendre — plier
fermer — ouvrir
gagner — perdre
ignorer — savoir
inquiéter — rassurer
interdir — permettre
mourir — naître / vivre
négliger — soigner
punir — récompenser
remplir — vider
séparer — unir

# Ⅲ. 기본 숙어

| | |
|---|---|
| après tout | 결국에 |
| avant tout | 무엇보다도 |
| au contraire | 반대로 |
| au dehors | 밖에서 |
| au fond | 사실은, 결국은 |
| au loin | 멀리서부터 |
| au moins | 적어도 |
| autre part | 다른 곳에 |
| à droite | 오른쪽에서 |
| à gauche | 왼쪽에 |
| à la fois | 동시에 |
| à part | 별도로 |
| à peine | ~하자마자, 이제 막 |
| à peu près | 거의 |
| à présent | 현재 |
| bien entendu | 물론 |
| bon marché | 싸게 |
| d'abord | 우선 |
| d'ailleurs | 게다가 |
| d'avance | 미리, 사전에 |
| d'ordinaire | 보통, 일반적으로 |
| de bonne heure | 일찍이 |
| de loin | 멀리서 |
| de même | 마찬가지로 |
| de nouveau | 다시금 |
| de plus en plus | 점점 더 |
| de temps en temps | 가끔 |
| de toute façon | 하여튼 |
| du moins | 그러나, 어쨌든 |
| en arrière | 뒤로 |
| en avant | 앞으로 |
| en bas | 아래에 |
| en effet | 실제로 |
| en face | 정면에 |
| en général | 일반적으로 |
| en haut | 위에 |
| en même temps | 동시에 |
| en particulier | 특히 |
| en partie | 부분적으로 |
| en tout cas | 어쨌든 |
| nulle part | 어디에도(부정문) |
| par coeur | 외워서 |
| par exemple | 예를 들어 |
| par hasard | 우연히 |
| peu à peu | 조금씩 |
| plus | 게다가 |
| quand même | 그렇지만 |
| quelque part | 어딘가에 |
| sans cesse | 끊임없이 |
| tout à coup | 갑자기 |
| tout à fait | 완전히, 아주 |
| tout à l'heure | 잠시 후에 |
| tout le monde | 모두 |
| tout de suite | 곧 |
| tout le temps | 항상 |
| un peu | 조금 |

# Ⅳ. 주요 동사구

| | |
|---|---|
| avoir besoin de (+ 명사/ inf.) | ~가 필요하다 |
| avoir chaud / froid | 덥다/춥다 |
| avoir du mal à (+ inf.) | ~하는 것이 어렵다 |
| avoir envie de (+ 명사/ inf.) | ~하고 싶다 |
| avoir faim | 배고프다 |
| avoir l'air (+ 형용사, de + 명사/ inf.) | ~인 듯이 보인다 |
| avoir lieu | ~이 일어나다, 열리다 |
| avoir mal à~ | ~가 아프다 |
| avoir peur de (+ 명사/ inf.) | ~이 두렵다 |
| avoir raison/ tort | 맞다/틀리다 |
| commencer par (+ inf.) | ~부터 시작하다 |
| compter sur~ | ~에 의지하다 |
| considérer A comme B | A를 B로 간주하다 |
| être à | ~에 속하다 |
| être au courant de~ | ~에 정통하다 |
| être d'accord | 찬성하다 |
| être en train de (+ inf.) | ~하는 중이다 |
| être forcé de (+ inf.) | ~하지 않을 수 없다 |
| être obligé de (+ inf.) | ~하지 않을 수 없다 |
| faire mal (à + qn) | ~에게 고통을 주다 |
| faire peur (à + qn) | ~을 무섭게 하다, ~을 겁나게 하다 |
| faire plaisir (à + qn) | ~에게 기쁨을 주다 |
| il est possible que (+ subj.) | ~일지도 모른다 |
| il me (te, lui,...) semble que (+ 직설법) | ~같다 |
| il s'agit de~ | ~가 문제다 |
| il se peut que (+ subj.) | ~하는 것은 가능하다 |
| il vaut mieux (+ inf.) | ~하는 편이 낫다 |
| prendre A pour B | A를 B로 여기다 |
| rendre service à (+ qn) | ~에게 봉사하다 |
| se passer de~ | ~없이 지내다 |
| se priver de~ | ~이 없다 |
| se rendre compte de~ | ~을 이해하다 |
| se servir de~ | ~을 사용하다 |
| se souvenir de~ | ~을 생각하다 |
| tenir compte de~ | ~을 고려하다 |

# V. 주요 전치사(구)

| | |
|---|---|
| après | ~뒤에 |
| au bout de | ~끝에(장소),<br>~만에(시간) |
| au delà de | ~넘어 |
| au lieu de | ~대신에 |
| au milieu de | ~중앙에 |
| au moyen de | ~방법으로 |
| au-dessous de | ~아래 |
| au-dessus de | ~위에 |
| auprès de | ~가까이 |
| autour de | ~주위에 |
| avant | ~앞에(시간) |
| avec | ~와 함께 |
| à cause de | ~때문에 |
| à côté de | ~옆에 |
| à droite de | ~오른편에 |
| à force de | ~한 나머지 |
| à gauche de | ~왼편에 |
| à l'égard de | ~에 대신하여 |
| à partir de | ~부터 |
| à travers | ~방향으로 |
| chez | ~집에 |
| contre | ~에 반하여 |
| d'après | ~에 따르면 |
| dans | ~가운데 |
| de la part de | ~대신에 |
| depuis | ~이후에 |
| derrière | ~뒤에 |
| dès | ~이후에 |
| devant | ~앞에 |
| durant | ~동안에 |
| en dehors de | ~밖에 |
| en face de | ~정면에 |
| en raison de | ~이유로 |
| entre A et B | A와 B사이에 |
| grâce à | ~덕분에 |
| il y a | ~전에 |
| jusque(jusqu'à) | ~까지 |
| loin de | ~멀리 |
| lors de | ~때 |
| malgré | ~에도 불구하고 |
| par | ~을 통하여 |
| parmi | ~사이에(3개 이상) |
| pendant | ~동안에 |
| pour | ~위하여 |
| près de | ~가까이 |
| quant à | ~에 대해 말하자면 |
| sans | ~없이 |
| sauf | ~제외하고 |
| selon | ~에 따라 |
| sous | ~아래 |
| sur | ~위에 |
| vers | ~향하여 |

## VI. 기 타

- Il reviendra **dans** trois jours. (3일 후에)[미래]

  Il est revenu trois jours **après / plus tard**. (3일 후에)[과거]

  Il faut le faire **en** trois jours / **d'ici** [à] trois jours. (3일 안에)

- J'ai vu Marie **il y a** trois jours.
  (지금부터 3일 전에)

  J'avais vu Marie trois jours **avant / plus tôt**.
  (그때로부터 3일 전에)[부사]

- Je reste ici **jusqu'à** midi. (정오까지)[계속]

  Il faut rentrer **avant** midi. (12시 전까지)[기한]

- J'habite à Paris **depuis** deux ans. (2년 전부터)[과거→현재]

  Je vais habiter cet appartement **à partir de** demain. (내일부터)[미래]

  J'ai vécu à Paris **pendant** deux ans. (2년 동안)
  (= J'ai vécu deux ans à Paris. 전치사 pendant 생략)

- Il est **à** la maison. (집에 있다.)[지점]

  Il est **dans** la maison. (집 안에 있다.)[공간]

- J'habite **dans** cette rue.

  Il s'est promené **sur** les Grands Boulevards.
  [cf. **dans / sur** l'avenue, sur le chemin, sur la route]

- Mon père est assis **dans** un fauteuil.

  Il s'est assis **sur** la chaise.

- Nous nous sommes promenés **en** voiture [**en** métro, **en** avion, **en** train].

  Je vais me promener **à** bicyclette [**à** cheval, **à** pied].

# 참 고 문 헌


- AKÜZ, Anne, Bernadette Bazelle-Shamaei, Joëlle Bonenfant, *Exercices de grammaire en contexte, niveau intermédiaire*, Hachette Français langue étrangère, 2000.
- AKÜZ, Anne, Bernadette Bazelle-Shamaei, Joëlle Bonenfant, *Exercices de grammaire en contexte, niveau avancé*, Hachette Français langue étrangère, 2003.
- BERCHICHE, Yasmina, Martine Dubois, Reine Mimran, *Cours de la Sorbonne langue et civilisation françaises*, Clé International, 2000.
- BOULARES, Michèle, Jean-Louis Frérot, *Grammaire progressive du français, niveau avancé : Cahier de 400 exercices*, Clé International, 1999.
- GRÉGOIRE, Maïa, *Grammaire progressive français, niveau débutant : Cahier de 400 exercices*, Clé international, 1999.
- GRÉGOIRE, Maïa, *Grammaire progressive du français, niveau intermédiaire : Cahier de 600 exercices*, Clé International, 2003.
- MIQUEL, Claire, *Grammaire en dialogues, niveau débutant*, Clé International, 2005.
- MIQUEL, Claire, *Grammaire en dialogues, niveau intermédiaire*, Clé International, 2007.
- MORIOT, BONENFANT, LAC, *Exercices de grammaire, niveau débutant*, Hachette, 2000.
- SHARP, Claudine, *français, Tout le programme en fiches partiques*, Editions Vuibert, 1997.